木槿少年文庫

—1—

棉《わた》の種《たね》

金素雲

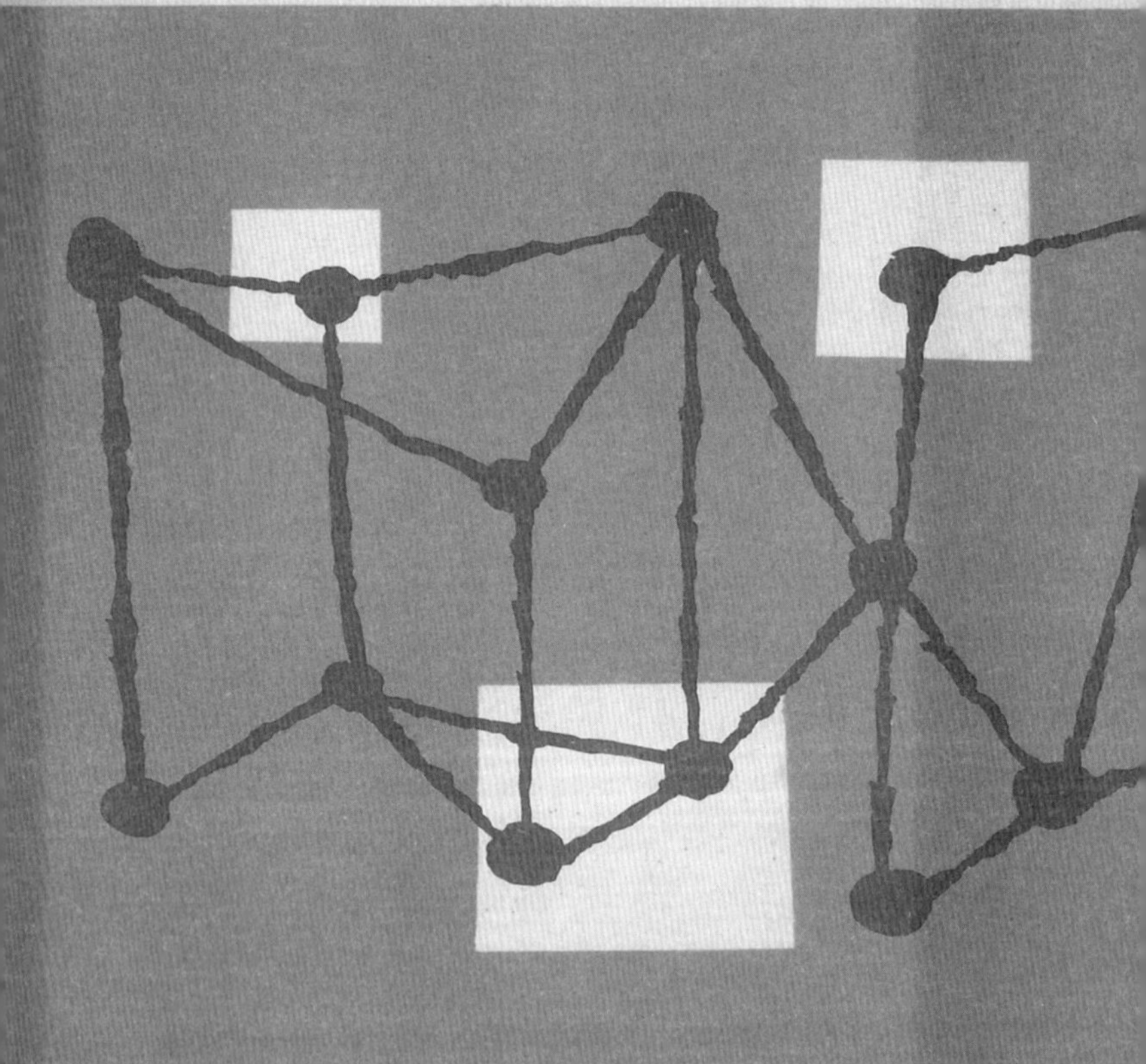

コリアン・ライブラリー発行

木槿少年文庫に添えて

日本観光株式会社社長　**小浪義明**

いま、この日本には、私たちの同胞が六〇万も住んでいますが、中には〝ふるさと〟を知らない人たちもたくさんいます。遠い外国のことや、日本のことは知っていても、自分の祖国《おやぐに》を知らないというのはさびしいことです。そんな人たちに、この文庫を読んでもらいたいと思います。

私たちの祖先には、どんな人がいたか——、どんな生活や、どういう風習《ふうしう》があったか——、歴史はどんな険《けわ》しい旅《たび》をつづけたか——。この文庫を何冊か読んでゆくうちに、そうしたことが追々《おいおい》にわかってくるはずです。

また、日本の少年少女たちにも、地理の上では一ばん近い隣の国のことを、もっとよく知ってもらいたいものです。お互《たが》いが正《ただ》しく理解《りかい》しあうために、この本庫が一人でも多くの人に読まれることを望んでおります。

（木槿文庫・木槿少年文庫**一万部提供**）

木槿少年文庫

— I —

棉《わた》の種《たね》

金素雲

コリアン・ライブラリー

はしがき

昔、韓半島は「新羅《しんら》」「高句麗《こうくり》」「百済《くだら》」の三つの国に分れていました。

それが、いまから千四十年まえ「高麗《こうらい》」に統一され、四百七十年後に「李氏朝鮮」に引き継《つ》がれました。李氏朝鮮の五百年を、一口に「李朝」とよんでいます。

「高麗」「李朝」の、ほぼ一千年間には、すぐれた人物も大ぜい出ましたが、それらの人の逸話《いつわ》を、ほんの一《ひと》つかみだけ択《えら》んで、わかりやすく書いてみたのがこの本です。民話や伝説と違って、ここにあるのは、みな実際にあった話ですが、時代は移《うつ》りかわっても、これらの短い話の中には、かわることのない人間の心の姿《すがた》が、生々《いきいき》と映《うつ》し出されています。

文先生が遠い国から持ち運《はこ》んだ五、六粒《つぶ》の棉《わた》の種《たね》から、たった一つだけ花がつき、やがてはそれが国じゅうの人の着物となったように、この乏《とぼ》しい本が読む人の心に根をおろして、いつか美しい花を咲かせる日を私は夢《ゆめ》みております。

著　者

目次

一俵の恩……六
棉の種……一二
子づれの馬……一九
お母さんの切った餅……二八
玉をみがく……三四
お墓の木……四〇
孟公の雨宿り……四六

黄ろい牛と黒い牛……五三
鉄のかんむり……五八
金銀の碁石……六七
二千文の梅……七四
人蔘の焚火……七九
古山先生と朝鮮地図……八八

表紙・藤原常次
さしえ・高野喆史

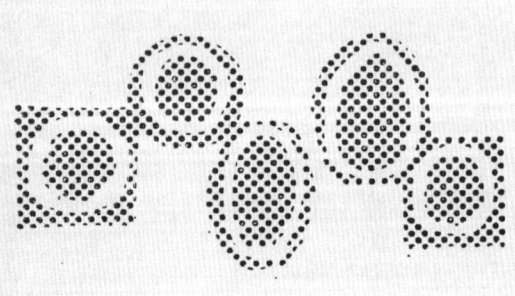

一俵の恩

允成《いんせい》は、元宗《げんそう》王（高麗二十四代）のとき、甲串里《こうかんり》に住んでいた町人でした。豊《ゆた》かというほどではないが、日ごろから、倹《つ》ましくていましたので、少しばかりのたくわえもあり、暮しに困るようなことはありませんでした。

隣は武士の家でした。禄《ろく》に、はなれたために、その武士はひどい貧乏暮しをしていました。恥も知り、武士の操《みさお》も心得てはいましたが、貧すれば鈍《どん》するの

たとえ、わるいこととは知りながら、ある夜、垣根《かきね》に穴をあけて、允成の家から米俵を一つ盗もうとしました。

物音を聞きつけて、主《あるじ》の允成が出て来ましたが、月のない暗い晩で、武士はそれに気がつきませんでした。武士は米俵を垣根のところへ運んで、まず自分から先に穴を出ました。それから、米俵を持出そうとしましたが、俵が重いのと、穴が小さいのとで、なかなか思うようには出せませんでした。

それを見ていた允成は、中の方から手をかして、そっと俵を押出してやりました。武士はびっくりして、俵も何も、ほうり出したまま、逃げ出しました。

允成は、あと追いかけていって、武士の手をとらえました。

「お待ちなさい。困るときはおたがいさまです。それに、家の者もみな寝入っ

ていて、気のついた者は誰もいません。あなたほどの方が、人のものなどに手を出すのは、よくよくのことです。何もいわずに、どうか、あの米俵は持っていってください。」

武士は、恥かしさに顔もあげられませんで

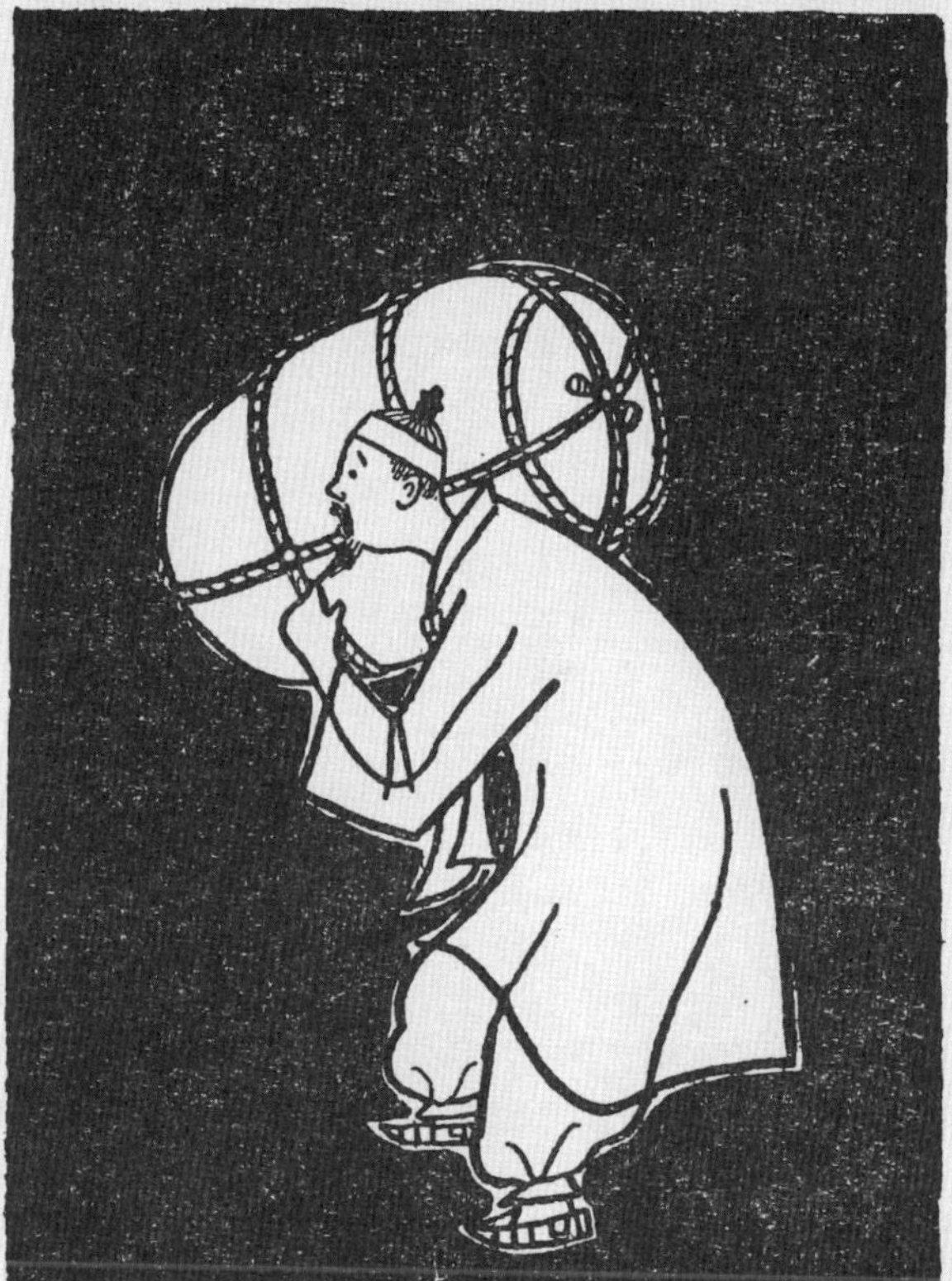

したが、とうとう、主の言葉に甘えて、その米俵をかついでかえりました。允成は、垣根の穴を、もとどおりになおして、家の人たちには、一言《ひとこと》も、それをいいませんでした。

それから、何年かたってからです。都から一人の商人が来て、允成の家に泊りました。この商人は、もともと允成とは顔なじみの仲でした。

あくる日、商人は用事をすませて、きげんよく都へ帰って行きましたが、途中で、悪者のために、持金を残らずさらわれたばかりか、命までも取られてしまいました。

疑いは允成にかかりました。役人は、允成を縛り上げて、きびしい吟味《ぎんみ》にかけました。

「お前のしわざに違いない。商人が大金を持っていたのを知っているのはお前ばかりだ。よい加減に白状したらどうだ。」

役人は、こういって毎日のように責め立てます。いくら申し開きをしても聞き入れません。とうとう允成は身に覚えのない罪を、かぶってしまいました。

允成の罪が、いよいよ決ったとき、一人の男が役所へ名乗って出ました。

「その罪人は私です。どうか私を牢《ろう》へ入れてください。」

役人は驚いてその男を調べました。それは允成の隣の貧乏な武士でした。

武士は允成のうつくしい心を誰よりもよく知っていました。その人が、覚えのない罪のために首を斬られると知っては、じっとしていることが出来なかったのです。米一俵の恩のために、武士は自分から身代りになろうと決心したの

でした。

允成はすぐ赦《ゆる》されて、その代り、こんどは武士が牢へつながれました。ところが、それからいくらもたたないうちに、ほんとうの悪者がつかまりました。その悪者の口から、何もかもが白状されました。

武士は、危《あやう》いところで命拾いをしましたが、そのために允成や武士のうつくしい心が、世間に知れわたりました。

あとで、武士は仕官をして、よい身分になりました。

棉の種

棉《わた》がはじめて、朝鮮に植えられたのは、高麗《こうらい》の末ごろです。第三十一代恭愍《きょうびん》王のとき、儒臣として名高い文益漸《ぶんえきせん》先生が、重い役目をおびて元《げん》の国へ遣わされました。ところが、政治の上のいざこざから、先生は元の朝廷の誤解を受けて、交趾《こうし》という土地へ移され、身柄をとめおかれることになりました。この不幸なでき事が、結果からみれば、朝鮮にとっては、ま

たとない、大きなしあわせを、もたらしたのです。

交趾というのは、今の安南で、昔から棉の産地として名高いところです。先生は、ここへ三年いるうちに、棉というものが人間の生活にとって、どんなに大切なものであるかを、目《ま》のあたり教えられました。

「なんとかして朝鮮へも、この棉を移し植えたいものだ。」

そう考えましたが、交趾では棉の種を国外へ持出すことが、固く禁じられているので、大っぴらに持って来ることはできません。国境には、往来の人の荷物を一々しらべるために、関所《せきしょ》まで設けられていました。

三年たって、めんどうな問題も無事にかたづき、いよいよ先生は帰国することになりました。

「はて、どうしたら、うまくあの種を持ち出せるだろう。」

あれこれと思案をめぐらしているうちに、ふと、よい智恵が浮かびました。筆の軸《じく》です。その軸の中へ棉の種を五六粒しのばせて、国境へさしかかりましたが、さすがの関所役人もこれには気がつきません。とうとう、その種を朝鮮まで無事に持って来ることができました。

先生は、舅《しうと》の鄭天益《ていてんえき》という人にその種を渡して、やわらかい土の上に植えさせました。すると秋になって、その中のたった一つだけが、芽を出して、真白な棉の実をつけました。そのときのうれしさ——。さっそく、その棉から種をとって、あくる春もう一度まきました。秋になると、こんどは棉の木が、何十というかずになりました。これを三年くりかえしているうちに、ついには畠一

面が、真白く棉の花で埋まるまでになりました。

それからあとはその棉の種を、方々の土地へ分けて植えさせ、実《みの》るにつれて、つぎからつぎへと繁殖させました。それまで棉といえば、大陸からの移入だけにたよっていた朝鮮にも、こうしてはじめて、りっぱな棉がとれるようになりました。

種をとり、それを弾棉機《だんめんき》にかけ、糸をぬいて、いよいよ木綿に織りあげるまでには、なお、いろいろと工夫がはらわれました。道具がすっかり揃うまでには、三代もかかりました。

朝鮮では、糸ぐるまのことを、「文莱《ムンレ》」といっています。それは、糸ぐるまを考え出した文先生のお孫さんの名で、それがそのまま、糸ぐるまの名になっ

たのだということです。

それについては、民間にこういう話も伝わっています。

棉だけはとれるようになりましたが、さて、困ったことに、織物に仕上げるまでの手順がわかりません。それで、いろいろと工夫をめぐらしていると、ある日、見なれぬお坊さんが一人、棉の畠を通りがかって、足をとめたまま、いつまでも動こうとしません。

ふしぎに思った文先生は、そのお坊さんをわが家へあんないして、ねんごろにもてなしながら、わけをたずねました。

「失礼ですが、御坊《ごぼう》は、どちらからおいでになりましたか。なぜ、あのように、棉の畠にお立ち止りになったのですか。」

すると、お坊さんがいうには、

「愚僧は、棉の本場といわれる交趾に生れました者、ふとした御縁から貴国へ来て、もう十幾年も故郷の土を踏んでいません。ところが、きょう、はからずも棉の畠を通りがかり、一めんに白くついている棉の実を見て、あまりのなつかしさに、われを忘れて立ちつくしたようなわけです。」

それを聞くと、先生は、とび立つばかりによろこびました。

「それはそれは――、あの種も、じつは交趾から持って来たものです。棉の実だけは、まずまず、とれるようになりましたが、あれを織物に仕上げるには、一たいどうすればよろしいのでしょう。それがわからずに困っていたところです。御坊にめぐりあったのは、きっと、仏さまのお引き合わせに違いありませ

ん。どうか一つ、教えていただきたいものです。」

「よろしいとも、お教えいたしましょう。」

お坊さんは気がるに返事をして、知っているだけのことを、のこらず先生に伝《つた》えました。

それからは、どしどし木綿が織出されて、やがて国中の家庭工業になったということです。

子づれの馬

高麗のあとをうけて、李氏朝鮮が立ったのは、今からかぞえて、ちょうど五百六十年の昔です。最初の王さま李太祖《りたいそ》は、もと高麗に仕えていた武将でした。勇気もあるかわりに、お気も強く、いろいろとおもしろくないことばかりつづきました。王子たちとの間にも争いごとが起こり、李太祖はせっかく国を建てながら、わずか六年あまりで位を退《ひ》いてしまいました。

つづいて一番上の王子が位につきましたが、二年後に、こんどは五番目の王子の太宗《たいそう》が王となりました。この太宗は、勇気も智恵も、王子たちの中では一番すぐれていましたが、それだけに父君の太祖とは意見の合わないことが多く、親子のあいだがらでありながら、

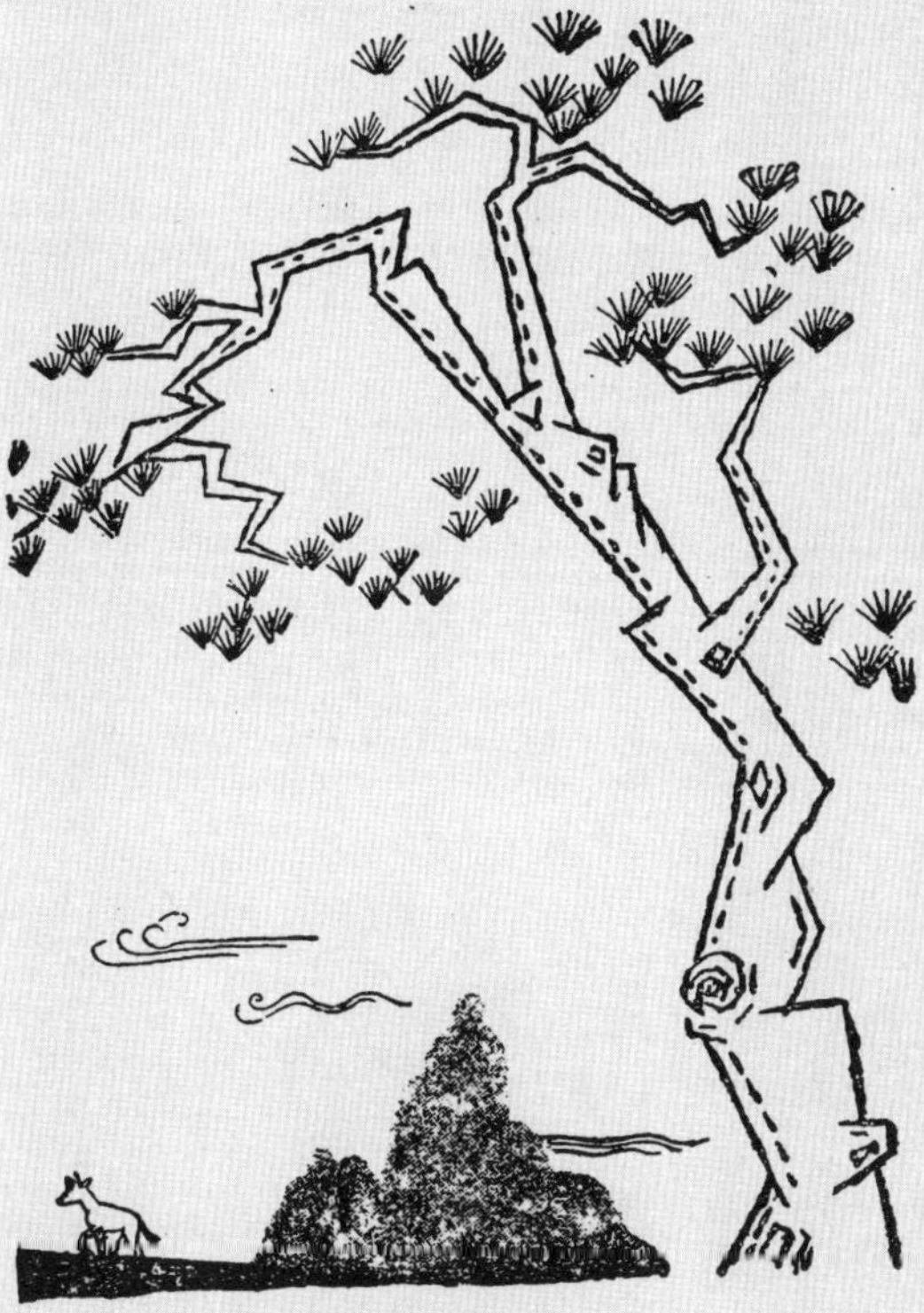

太祖はこの三代目の王を、心から憎んでおりました。

太祖の一番可愛がっていた末の王子の芳碩《ほうせき》は、王子たちの争いにまき込まれて命を失いました。お気に入りの鄭道伝《てぃごうでん》や、そのほか多くの家来たちまで太宗の手にかかって殺されました。李太祖は、はげしい怒りに燃えながら、ある晩、都を立って、北の方の咸興《かんこう》へ旅立ちました。そして咸興の別宮にとどまったまま、いつまでも都へは、もどりませんでした。

太宗王は、なんとかして父太祖の怒りをやわらげ、もう一度都へお迎えせねばならないと考えました。それで、はるばる咸興の別宮へ、御機嫌うかがいの使者《ししゃ》（問安使《もんあんし》）を立てました。

都から咸興までは十日近くの道のりです。使者は旅を重ねて、太祖の別宮におうかがいしました。そして「どうぞ都へおもどりくださいますように」とお願いしました。

太祖の怒りは、そんなことでは解けませんでした。何もいわずに、太祖は、その場で、使者の首を斬ってしまいました。

二度目の使者が、また立ちました。二度目の使者も、やはり同じ目にあいました。

三度目の使者が送られました。こんども、使者は、生きてはかえれませんでした。

四度目の使者も斬られました。五度、六度、七度と、つづいて送られる使者が、誰もかれも斬られて、一人として無事にかえれた者はありません。

今でも朝鮮で、行ったきり帰らない鉄砲玉の使いのことを、「咸興の使者」(咸興差使)というのは、ここからはじまったことわざです。

さて、なんべんくりかえしても同じことです。太宗王の命令で咸興へ立たされる使者は、生きて帰れないことを覚悟せねばなりません。親兄弟と別れのさかずきを汲んで、泣く泣く都を立ちましたが、行き着いたが最後、申し合わせたように、みな首をはねられてしまうのです。

太宗王の家来たちは、いつなんどき、自分に番がまわるかと、びくびくしておりました。

家来の中に、朴淳《ぼくじゅん》という人がいましたが、十何人目かの使者がえらばれるとき、朴淳は、自分から進んで、そのお役目を願い出ました。

「どうぞこのたびは、小臣をおつかわしくださいますよう願い奉ります。」

太宗王は、ふしんな面《おも》もちで、朴淳にたずねました。

「いままで咸興へ使者に立った者は、一人として生きて帰ることはできなかった。その方はどういうわけで、自分から死地に入ろうというのだ。なにか、よい考えでもあるのか。」

「はい、別によい考えもございませんが、まごころをつくして、いま一度、お

願いしてみるばかりでございます。」

「そうか。では行くがよい。」

太宗王から、おゆるしが出て、朴淳は咸興へ旅立ちました。

十日の旅をつづけて、いよいよ咸興へつきましたが、朴淳は乗って来た馬をすてて、そのかわり、子を生んだばかりのめす馬を手に入れました。まだ乳から離れない子馬は、親馬のあとをしたって、どこまでもついて来ました。

朴淳は親子の馬をつれて別宮の前まで来ると、子馬を木につないで、親馬だけ門のところへ曳《ひ》いてゆきました。

親馬は、子馬のことがしんぱいでなりません。それで、あとをふりかえりながら、しきりに鳴き立てました。やがて太祖の前に出ると、太祖は、いぶかし

げに朴淳にたずねました。

「あの馬はどうしたのじゃ。なぜあのように鳴いているのじゃ。」

「はい——。」朴淳は、さりげないようすで申し上げました。

「子づれの馬に乗ってまいりましたが、子馬が足手まといになりますので、引離してつなぎました。親子の情《なさけ》は人間にかわらぬものとみえまして、あのように親馬は、子を案じて鳴いているのでございます。」

その一言を聞いて、太祖はすぐに朴淳の心を見ぬきました。何もいわずに、しばらくは、だまっていました。

朴淳も手をついたまま、ひれ伏していましたが、そのうちに、この使者の目からは、熱い涙がハラハラと流れ落ちました。その涙が太祖のかたくなな心を

動かしました。

「もうよい、なにもいうな。その方と一しょに、都へもどろう。」

そういって、家来を呼ぶと、還御《かんぎょ》の仕度をいいつけました。

太祖の目にも、涙がうるんで見えました。

お母さんの切った餅

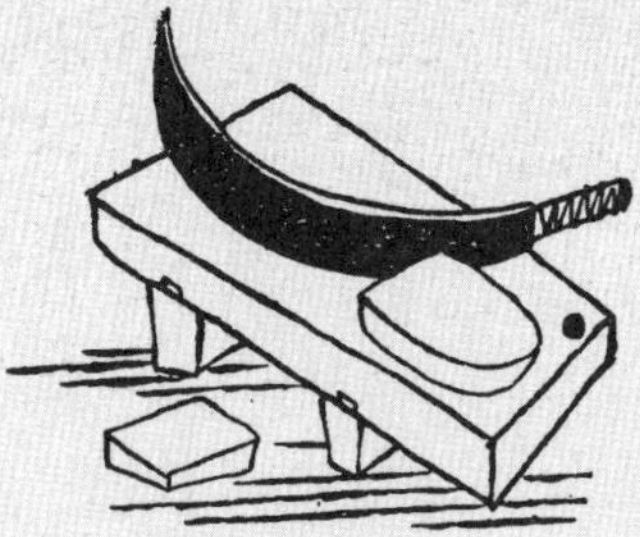

韓石峰《かんせきほう》は、小さいときから、字を書くのが上手でした。寺小屋で学問している友だちの中には、もう一人も石峰にかなうものがありません。そのうちに、お師匠さんの字とくらべても、見劣りがしないほど上達しました。

「なんて上手な字だろう。どう見ても、十二才の子供の字とは思えない。」

みんなは、そういって感心しました。

石峰も得意でした。

(自分はもう、これだけ字が上手に書けるのだから、これからは字のおけいこなんか、しなくてもよい。)

そう思うと、寺小屋へ毎日通うのが、ばからしくなりました。怠けるのは字のおけいこばかりではありません。ほかの学問にも、しぜん力を入れないようになりました。

「石峰や、どうして勉強を怠けるのですね。」

寺小屋へも行かないで、遊んでばかりいる石峰を見て、お母さんがしんぱいしました。すると石峰は、

「大丈夫ですよお母さん。もう寺小屋へ行っても、習うことなんかないもの。」

そういって、あいかわらず怠けてばかりいました。

石峰の家は貧乏でした。お母さんは切餅《きりもち》を売って、親子二人の暮しを立てていました。

お母さんは、ある晩、石峰をそばに呼んで申しました。

「ね、石峰や。お前は学問もよくできるし、とりわけ字が上手だと、みなさんがほめてくださる。お母さんも、どんなにうれしいか知れないよ。だけれど、ほんとうに上手かどうか、お母さんと一つ、力くらべをしてみましょう。」

「力くらべって、お母さんは字が書けないのに、どうしてくらべるの。」

「いえ、字ではありません。お母さんは字が書けないかわりに、お餅を切るの

が上手です。目をつむってでも、ちゃんと切れますよ。いまお母さんが灯《あか》りを消しますから、真っ暗い中で、お前は字を書いてごらん。お母さんも一しょに、暗いところで餅を切ってみます。いいですね。」

お母さんがそう申しますと、石峰は、「ええ」とへんじをして、紙や硯《すずり》を取り出しました。お母さんも、長くのばしたお餅を、まな板にのせて、お部屋へ運びました。

そして、灯りを消しました。

真っ暗いやみの中で、石峰は字を書きました。お母さんもコトン、コトンと、ほうちょうの音をさせながら、お餅を切りました。

「お母さん、もう書けました。」

しばらくたってから、石峰がそういいました。お母さんも、ほうちょうの手を休めました。そして灯りをつけました。

ところがどうでしょう。石峰の書いた字は、いびつになったり曲ったりして、ちゃんとした字になっているのは、幾つもありません。自分では、真っすぐに書けたつもりでしたが、くらやみの中で書いた字は、まるで、べつな方へ筆が外《そ》れているのです。

それにひきかえて、お母さんの餅は、明かる

いところで切ったのと少しもかわらない、まっすぐな形に切れていました。大きさも、みな同じです。

「石峰や、もう何もいわなくても、わかりましたね。自分ではこの上ない上手のつもりでいても、いざとなると、この通りです。見えないところで餅を真っすぐに切るだけでも、長い間の修業《しゅぎょう》がいります。まして五年や八年の勉強で、偉くなれたと思っては、大変なまちがいですよ。」

お母さんの、このお諭《さと》しに、石峰は、いままでの自分の考えちがいが、恥かしくなりました。それからは、生れかわったように、一生けんめい勉強をつづけました。そして、あとでは、文章に、字に、その時代では並ぶ者がないといわれるほどの、りっぱな学者になりました。

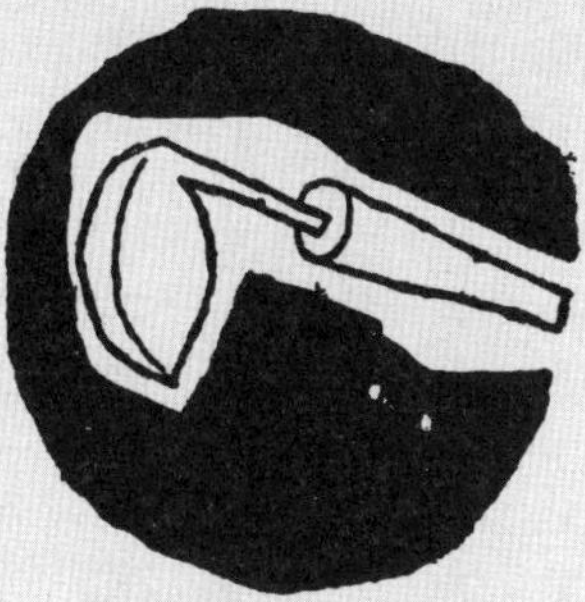

玉をみがく

ものごとのけじめが、はっきりつかないとき、朝鮮では、よく「黄喜《こうき》大臣のようだ」と申します。

黄喜公は名高い宰相の一人で、李朝では第一番に数えられる大臣でした。大事《だいじ》に臨《のぞ》んでは、よし悪しを立ちどころに決めて、はっきり裁《さば》きをつけましたが、小さな事になると、まるで、気にもとめないというふうでした。

　あるとき邸《やしき》の女中同士が、喧嘩をはじめました。そのあげく、一人の女中が黄公の前に来て、長々と、事のいきさつを訴えました。

　公は聞き終ってから、

「お前のいうのは、もっともだ。」

と、うなずきました。

入れちがいに、もう一人の方がはいって来て、これまた自分の正しいわけを、クドクドと訴えました。黄公は、こんども聞き終ってから、

「お前のいうのも、もっともだ。」

と、さっきと同じようなことをいいました。

　そばで聞いていた奥方は、おかしさをこらえながら、

「殿さまのわからないにもほどがあります。ものごとには、よし悪しの見さかいがありますものを、どちらも、もっともでは、裁きがつかないではありませんか。」

と申しました。すると公は、いかにもと、うなずき

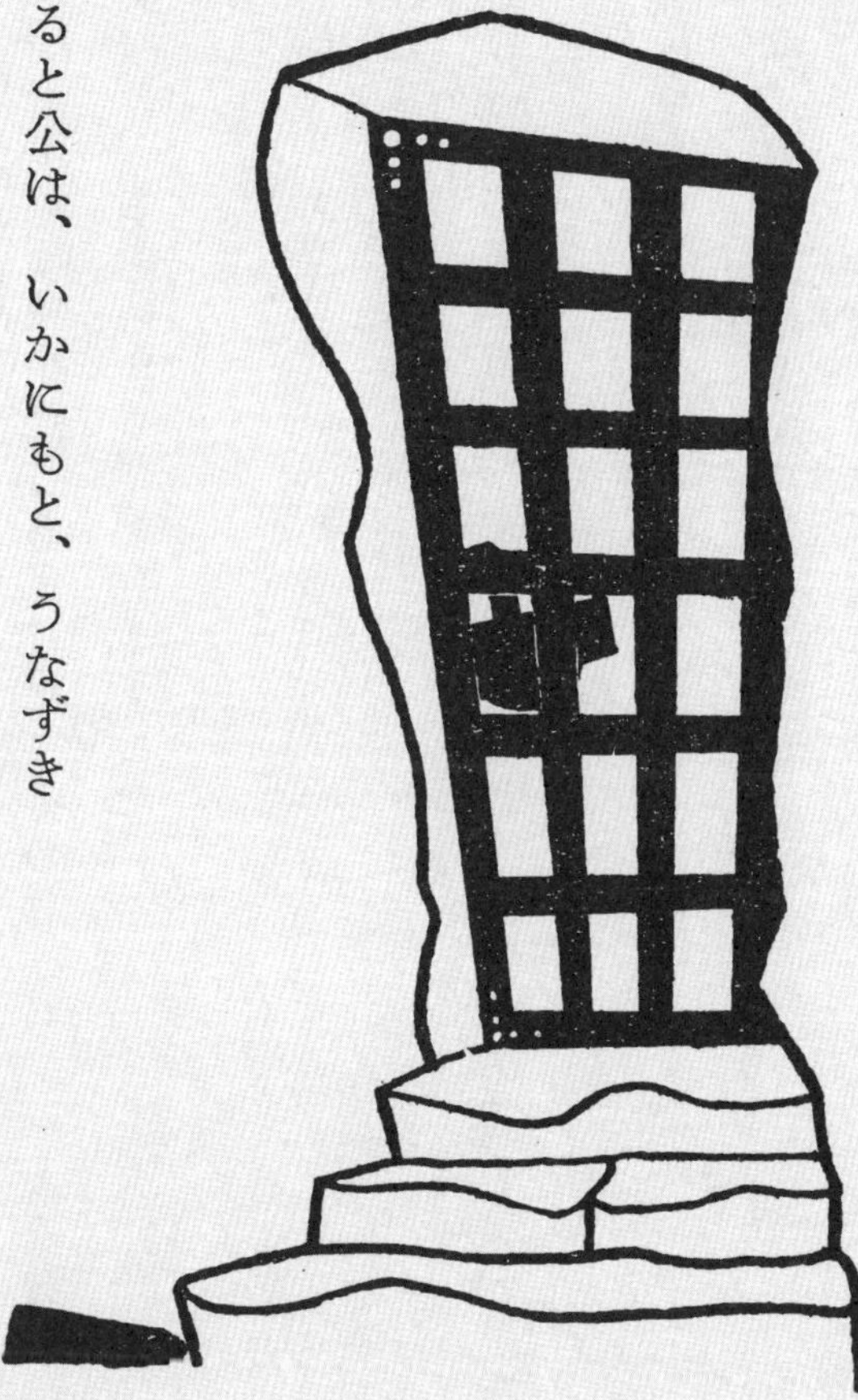

ながら、

「そなたのいうのも、もっともだ。」

と、すましていました。

小さな事で、たがいに争ったり、意地を張ったりすることはない。気を大きくもって、ゆるし合っていけば、たいていの事は争わずにすむのだということを、黄喜公は身をもって教えたのです。

☆

黄公の下で、兵曹判書《へいそうはんしょ》（六大臣の一人で、いまの国防相）を勤めている人に、金宗瑞《きんそうずい》という人がありました。この金宗瑞も、学者として、政治家として、名

高い人物ですが、黄公はなぜかこの宗瑞には、人一倍きびしくあたり、ちょっとした過《あやま》ちでも、ゆるすということがありませんでした。

身分のある人を、むやみに罰することはできません。それで、宗瑞に何かしくじりがあると、黄公は宗瑞の家来を捕えては、笞《むち》を加えたり、牢へ入れたりしました。これには当《とう》の宗瑞も困りましたが、そばで見ている人たちも、気が気ではありませんでした。

あるとき孟思誠《もうしせい》が、それとなくたずねました。

「宗瑞は、一代の名臣といわれる偉い人物です。それだのに、どうして老公は、そんなにつらくあたるのですか。」

すると、黄喜公は申しました。

「どんなによい玉でも、みがかねば光は出ない。宗瑞はりっぱな人物ではあるが、気が強くて、せっかちだ。あのままでは、いまに、この自分のような重い責任をせおったとき、きっと、しくじりをしでかすだろう。だから自分は、できるだけ気をつけて、ものごとを軽はずみにせず、どんなにつらいことにも耐《た》えしのぶ力を、つけてやろうと思うのだ。」

孟思誠は、なるほどと感じ、いまさらのように、黄喜公の深い思いやりに心を打たれました。あとで黄喜公は、宰相の位を退《ひ》くとき、王様にお願いして、宗瑞を、自分のあとがまにすえました。

お墓の木

　学問や武勇で名をのこした人なら、たくさんありますが、強情《ごうじょう》のおかげで有名になったのは、平壌の黄固執《こうこしう》くらいのものです。

　黄固執は、生れつき天下無類の意地っぱりでした。「順承《じゅんしょう》」というほんとうの名があっても、誰も名をいうものはありません。強情な人のことを「固執」というところから、とうとうこ

れが通り名になってしまいました。五百年も昔の人ですが、今でも朝鮮では、意地っぱりのことを「まるで黄固執のようだ」といっています。

司導署《しどうしょ》の直長《ちょくちょう》という役目についていましたが、世間のかげ口など一こう平気で、自分から「執菴《しゅうあん》」と名乗って、すましていました。あるとき用事で、はるばる京城へやって来ましたが、おりもおり、京城に住んでいた親しい友だちが、急病で亡くなりました。普通なら、さっそくにもお悔《くや》みにゆくところですが、黄固執は、ほかの人たちが誘っても、一しょに出かけようとはしません。

「自分が都へ上《のぼ》ったのは、用事のためで、友人のお悔みに来たのではない。だいいち、用事で来たついでに、お悔みをのべては、亡くなった人に対して申しわけないではないか。」

そういって、さっさと自分の用事をかたづけると、どこへも立ち寄らずに、郷里へ帰ってしまいました。

京城から平壌までは、ろばに乗っても四日や五日はかかる道のりです。一たん平壌まで帰ると、こんどは友人のお悔みだ

といって、改《あらた》めてまた京城へ出なおして来ました。すること、なすことが、みなこんな調子でしたから、世間の人があきれたのも無理ではありません。

黄固執の、家の近くにある橋が、大水で流されたことがありました。新しい橋をかけかえるにも、手ごろな、よい木が見あたりません。それで、村の人たちは、お墓の前にある松の木をきって、新しく橋をかけました。

すると黄固執は「人さまの墓所《はかしょ》の木を足で踏んでは罰があたる」といって、わざわざ遠まわりをしても、この橋だけは決して渡りま

せんでした。どうしても近道をしなくてはならないような急ぎの用事のときは、すそまくりをして、ジャブジャブ川の中を渡りました。

ある月のない晩、追いはぎが二人、この橋の下にかくれていましたが、そこへ人の足音が近づいたので、今にもとび出そうと待ちかまえていました。すると、その人は、橋を通らずに川の中を歩いて渡りました。追はぎも、黄固執のうわさは知っていましたから、

「相手がわるい、あのおやじにかかっては、歯が立たないや」といって、そのまま、逃げてしまいました。

黄固執の奇抜な逸話は、数えきれないほどですが、どれもこれも、人の道をまっすぐに通すための意地っぱりでしたから、そのために他人が迷惑をしたと

いうような話は一つもありません。一度いい出したことは、槍《やり》が降っても仕とげるかわりに、義理人情にも厚い人で、部下に罪のある者がいても、年とった親があると聞くと、たいていの過ちはゆるしてやるというふうでした。それをよいことにして、親のいない者までが、よく嘘をついては罪をのがれていたということが「松岳集《しょうがくしゅう》」という古い本に出ています。

孟公《もうこう》の雨宿《やど》り

李朝の大臣の中で、賢相《けんそう》といわれるほどの人はたくさんありましたが、その中でも、孟思誠《もうしせい》は、賢相の名にそむかない偉い大臣でした。

孟思誠は、日ごろから、身なりの質素な人でしたが、あるとき、用事で、郷里の温陽《おんよう》(忠清道)へ帰ることになりました。

温陽では、孟公さまのお帰りだというので、郡守はじめ、役人一同が総出で待ち設《もう》けておりました。そこへ、牛の背《せ》に乗ったヨボヨボの老人が通りかかったので、役人は目を怒《いか》らしながら、

「孟公さまのお通りだというのに、なにをまごまごしている。さっさと、どかぬか。」

と、叱りつけました。

老人はそれを聞くと、いいました。

「わしは、温陽の孟古《まうこ》仏《ぶつ》だ。自分の牛に自分が乗って行くのに、なにも遠慮はいるまい。」

古仏というのは孟公の号《ごう》です。さぁ大変、それを聞いて役人たちは、青く

なって逃げ出しましたが、あまりあわてたので、郡守は、命から二番目の印符《いんぷ》を、道のそばの池に落してしまいました。土地の人たちは、あとでこの池を「印の淵《ふち》」と呼びました。

☆

もう一つ孟公の話です。

孟公が郷里から都へ帰る途中、龍仁《りゅうじん》というところへさしかかりますと、にわかに雨が降り出したので、とある田舎宿で雨宿りをすることになりました。その宿屋には、身なりのりっぱな若い書生さんが一人、上等の部屋に陣どって、いばっていました。

孟公は、見るからに貧しそうななりをしていましたから、これが、今をときめく大宰相とは気のつくはずがありません。書生さんは孟公を見ると、

「どうだい、じいさん、少しは学問をしたかね。」

と、おうへいな口をききました。

孟公は、書生の無礼など気にもとめません。

「したとも、これで詩などは、うまいものだよ。」

孟公がそういうと、書生さんは、いい退屈しのぎができたとばかり、さっそく孟公を自分の部屋へ呼び上げて、詩を一つつくらせました。そこで孟公が短い詩を書いて出すと、

「なかなかうまい。じいさんもすみにおけないな。」

と、いいながら、こんどは自分が詩をつくって見せました。こうして、かわりばんこに一首づつ詩のやりとりをしている間に、雨もどうやら上ったので、孟公は宿を立つことになりました。

孟公が、書生さんに聞きました。

「あんたは都へ上るそうじゃが、なに用事で行くのかね。」

「役につくためさ。」

「どんな役だね。」

「録事《ろくじ》だよ。」

録事というのは、朝廷《ちょうてい》の記録係のことです。孟公は、詩のやりとりで、この書生が少しは学問も積んでいるのを知っていましたから、

「録事なら、わしが採用してやろう。」

と、いいました。すると書生さんは、カンカンになって怒りました。

「失敬なことをいうな。お前さんに採用してもらうくらいなら、わざわざ都まで上りはせん。」

それから何日かあとです。書生さんは、役所の試験を受けるために、政庁へ

出ましたが、一段高いところに坐っていた孟公は、書生さんの姿を見て、

「やぁ、あんたか。やっぱり来なすったね。」

と、言葉をかけました。書生さんは、それが、いつぞやの田舎じいさんだとわかると、もう口もきけません。穴があらば、はいりたいとばかりに、頭をかかえてウロウロしました。

「どうしましたね」と、大臣の一人が聞きました。

孟公は雨宿りの話をして、

「あのときは、えらく叱られたよ。」

といったので、居あわせた人たちは、大笑いをしました。

孟公は、その書生さんを、録事に採用してやりました。

黄ろい牛と黒い牛

尚震《しょうしん》は、今から四百九十年あまり昔、李朝の明宗《めいそう》王に仕えた総理大臣（領議政《りょうぎせい》）です。

大臣になるほどの人ですから、学問もあり、智恵もすぐれていましたが、若いじぶんから、この尚公にはただ一つ、いけないくせがありました。それは、人の善悪《よしあし》をなんでもその場で、いってしまうことです。

「あんな偉い学者は、いまどき二人といるものじゃない。学問のことでは神様みたいな人だよ。」

「ああ、あの男か、あれはだめだ。口先ばかりで、いざとなると、なに一つできはしない。あんなのは人間の屑《くつ》だね。」

ほめるにも、けなすにも、まず、こんなあんばいです。ほめられた人は、とにかくとして、けなされた人は、よい気持がしません。「あのくせさえなければ」と、尚公を知っている人は、誰でも心の中で惜しがっていました。

—55— 黄ろい牛と黒い牛

あるとき尚公は、田舎道を通りがかって、お百姓さんが田を耕しているのに出あいました。お百姓さんは二頭の牛にすきを曳《ひ》かせていました。一頭は黄ろい牛、もう一頭の方は黒い牛です。

どちらも、見るからに強そうな、大きな牛でした。しばらく立ちどまって見とれていた尚公は、なにげなしに、お百姓さんに聞きました。

「黄ろい牛と、黒い牛と、どっちの方がよい牛かね。」

尚公から、こう聞かれると、お百姓さんは、困ったような顔をしましたが、相手が身分のある偉い人だとわかると、すきを田の中において、わざわざ尚公の立っている方へやって来ました。そして、尚公の耳のそばに口をよせると、小さなこえで、「黄ろい方ですよ」と、答えました。

何も、それだけのことをいうのに、わざわざ田の中から出て来ることはないのです。尚公は、ふしぎに思ってたずねました。

「なぜ、それを耳のそばでいうのだね。」

すると、お百姓さんが申しました。

「はい、一方をほめれば、一方をけなしたことになります。それでは、たとえ牛でも、よい気持はしますまい。だから、牛にはないしょで、こっそり申し上げるのです。」

それを聞いて、尚公はおどろきました。

「世の中には、牛にさえ気がねをする人がある。それに引きかえて、自分は、なんというわがままな男だろう。」

尚公は、冷汗《ひやあせ》の流れる思いで、お百姓さんのそばを、はなれました。そして、それからというものは、決して人の善悪《よしあし》に、軽々しく口を出すようなことは、しませんでした。

鉄のかんむり

昔ギリシャの国には、樽《たる》の中で暮したディオケネスという哲学者がいました。アレキサンダー大王が、はるばるディオケネスをたずねて、「なんでも望みを言え、好きなようにさせてやる」といったとき、日向《ひなた》ぼっこをしていたディオケネスが、「そんなら申しますが、王様が立ちはだかっているので、日蔭《ひかげ》になりまし

た。どうぞ、少しばかりわきへよってください」と答えたのは有名な話です。

朝鮮にもこのディオケネスのように、立派な学者でありながら、一生を乞食のまねで通した人があります。李之菡《りしかん》といって、高麗《こうらい》の末、詩人で名高かった李《り》牧隠《ぼくいん》先生の後孫にあたる人です。

朝鮮では、金剛山を知らない人はあっても、「土亭秘訣《どていひけつ》」という本の名を知らない者はありません。お正月になると、たいてい、どこの家でも、一度はこの「土亭秘訣」を持ち出して、その年の運勢の吉凶《よしあし》をうらなったものでした。

李之菡はその「土亭秘訣」を著《あら》わした人です。

お父さんは判官《ほうがん》として名のひびいた人、兄さんは省菴《せいあん》といって、仁祖《じんそ》大王みずから「白衣宰相《びゃくえさいしょう》」の名を賜わったほどの大学者です。従兄弟《いとこ》や甥《おい》の中からも、

名高い大臣や学者が、幾人となく出ました。

こんな結構な家柄《がら》に生れていながら、この人には、その「よい身分」が、あきたりませんでした。若いじぶんから学問に身を入れて、天文地理や兵書にくわしく、とりわけ医学と陰陽術数《おんようじゅつすう》では、かなう者がないとさえ言われたくらいでした。けれども学問を積めば積むほど、世の中の嘘やごまかしが目について、だんだん我慢がならなくなりました。

役人はわいろを取って平気な顔をしているし、学者は学者で、少しばかりの学問を鼻にかけてはへりくつを並べる——。身分がどうの、格式《かくしき》がどうのと、そんなことばかりいっていて、家柄の低い者は、いつまでたっても出世ができない——。正直で心のまっすぐな者は後へとりのこされて、世渡り上手のへつ

らい屋が天下をわがもの顔にのさばる——。耳に聞くこと、目に入ること、なに一つとして気に入るものはありません。

こんな世の中に肩を並べるのは真っぴらだと、とうとう身一つで家を出て、漢江《かんこう》のほとりに、粘土でこね上げた高さが二丈もある土の家を建てました。家といっても壁や障子があるわけではありません。煙突のような円い筒《つつ》っぽうで、その上に平たい屋根を、やっぱり粘土で葺《ふ》いてあるだけです。昼間はその屋根の上で日向ぼっこをして、夜になると中へ入って寝るのです。この土の家を「土亭」とよんだところから、とうとう村の名が土亭里になり、住んでいる人の名まで「土亭先生」で通ってしまいました。

三度、三度、御飯を炊いてくれる人がいるわけではありません。あれば食べ

る、なければ食べないという気ままな暮しです。着ているものはボロボロで、どこから見ても、これが一かどの学者とは見えません。おまけに、そんな乞食のような身なりをして、気が向けばふらりと、知合いの大臣や学者をたずねて行きます。その上、気に入らないこと、間違ったことがあると、遠慮えしゃくなしに皮肉をいってきめつけるので、学者先生や政治家たちも、土亭先生にあっては手も足も出ませんでした。

こうして何年かたつうちに、しまいにはその土の家まで面倒くさくなりました。そこで鉄のかんむりをかぶって、朝鮮八道を気の向くままに歩きまわりました。お米が手に入ると、かんむりを釜《かま》のかわりにして、自分で御飯を炊きました。

「頭にかぶれば、かんむりになり、飯を炊けば釜になる。世間の物知りどもには、はばかりながら、この重宝さはわかるまい。」

土亭先生はそんなことをいって、ひとりで得意がりました。

その頃は、陸に近いところで、人の一人も住んでいない無人島がいくらもありました。先生は、忠清道の海の中にある土地の肥えたよい島を見つけて、そこへ手あたり次第、大豆や粟《あわ》をまきました。一度も種を下《おろ》したことのない若い土地ですから、肥料もいらなければ、耕《たがや》す手間もいりません。秋になると、ふさふさした粟の穂や大豆で、島じゅうが一ぱいになりました。土亭先生は、こんどは陸から、暮しに困る貧乏な人たちをどしどし連れて来て、好きなだけ勝手に刈《か》りとらせました。そして、自分は一粒の粟にも手をつけませんでした。

あるときは、ひとりで小舟をあやつって、はるばる済州島《さいしゅうとう》まで漕《こ》いで渡ったこともありました。千石積みの親船でさえ危いといわれる荒海を、土亭先生は、小舟のへりに一ぱい瓢《ふくべ》をくくりつけて、平気で漕ぎ渡りました。済州島へ上陸してからは、自分で実地に商いをしながら、かたわら、島の人たちにも商法の道を教えました。こうして三年あまりたつ間に何万金という利益をあげましたが、この金も一文残らず、貧乏な人たちに分けてしまいました。

人間は一たい、寒さ暑さに、どのくらい我慢ができるものか、呑まず食わずで、幾日しんぼうができるか——、土亭先生は、それを一々自分で試《ため》してみようと思い立ちました。そこで、真夏の暑さざかりに綿入れを何枚も重ねて着たり、骨をつき刺すような寒い冬を単衣《ひとえ》一枚で過したりしました。そうかと思う

と、ものを食べずに十日《とうか》も半月も、飢《ひも》じいのをこらえてみたり、そんなことを繰りかえしているうちに、人間の世界でほんとうに必要なものはなにか、なくてもすむものはなにかということを、はっきり見わけることができました。

立派な家柄に生れ、はかり知れない高い学識を持ちながら、こうして土亭先生は、一生をわれとわが身を苦しめて終りました。土亭先生の風変りな行いは、ちょっと見ると、いかにも世の中にすねた変屈者《へんくつもの》のように見えます。けれども先生は、自分だけの気ままを通してよろこんでいるような、ひとりよがりではありません。正しい者を愛する気持、貧しい者をあわれむ気持が、いつでもその行いの基《もと》になっていました。

あるとき、暮しに困った人たちを何百人も一つの家に集めて、手仕事をさせ

たことがありました。一番能《のう》のない者には藁《わら》をやって、それでわらじをつくらせましたが、それでさえ食べたり着たりしてなお残るだけの収入《みいり》になりました。ところが、怠けぐせのついた貧乏人たちは、毎日仕事をさせられるのが辛《つら》いといって、三月《みつき》もたたないうちに、だまって逃げ出す者がつぎつぎと出てきました。

それを見て土亭先生は、腹の底から悲しみました。

「見るべし、民生《みんせい》の惰《だ》によりて飢《う》ゆるを——。」

貧乏が病気ではない。ほんとうの病気は怠けることだ——。これがそのときの先生の言葉です。土亭先生が、ひねくれた、ただの皮肉屋でないことが、この一言《ひとこと》で知れるではありませんか。

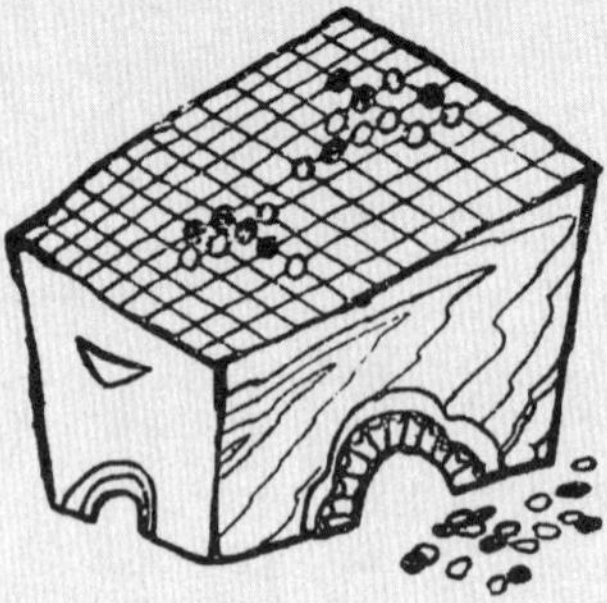

金銀の碁《ご》石《いし》

英祖王（李朝二十一代）のとき、税金のことを司《つかさど》る役人に、金守彭《きんしゅほう》という人がありました。身分が高いというのではありませんが、生れつき、竹を割ったような気性で、曲ったことが何よりきらいでした。

そのころは、役人がわいろをとることを、当りまえ

のように考えていました。そのために税金を司る役人などは、幾年も勤めないうちに、蔵《くら》が建《た》つというありさまでした。けれども守彭は、やましいわいろなどには目もくれません。たまに、銭《ぜに》や品物をこっそり持って来る者があると、きびしく叱って追いかえすというふうでしたから、しぜん、同じ役人の仲間からは、ものの分らない、うるさい男だと思われていました。

王様のお庫《くら》の中に、金と銀の碁石が、何千個かしまってありました。それを検査するとき、係り

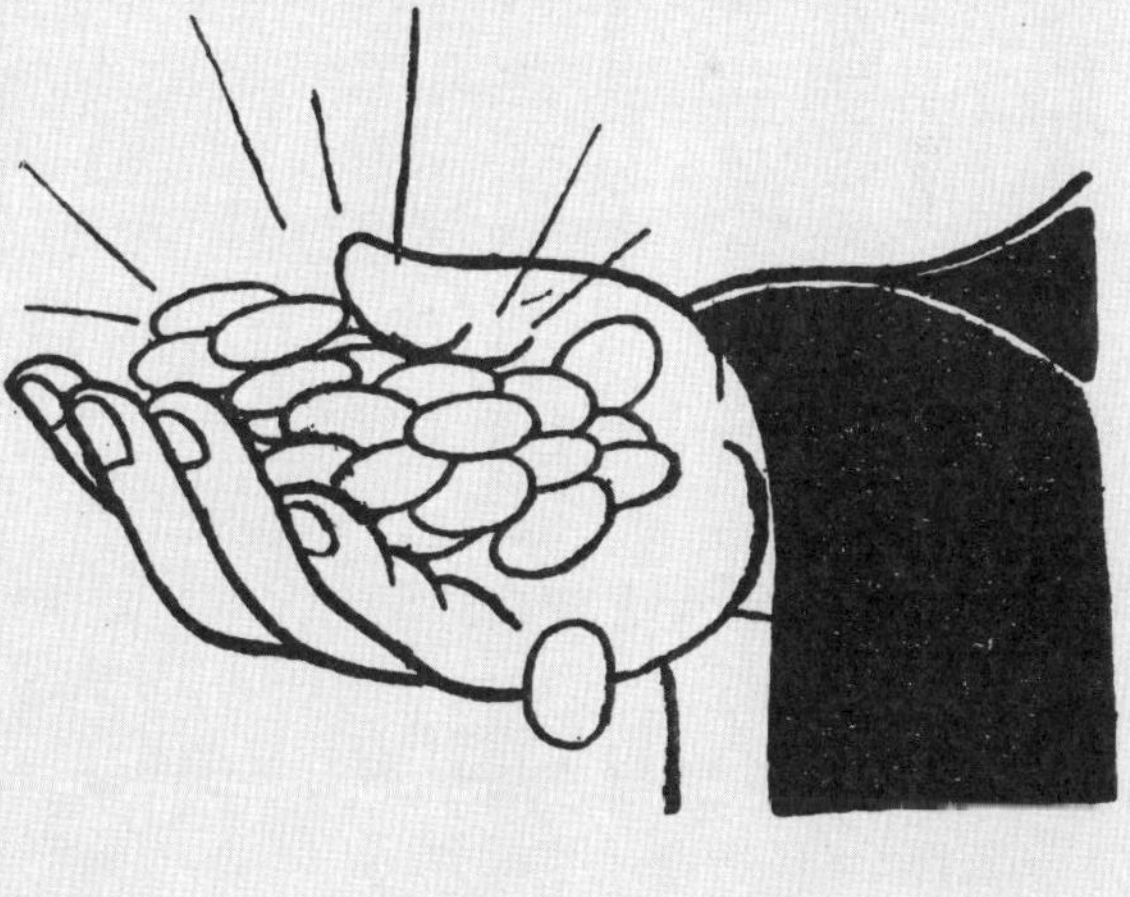

の大臣が、その中の一つをとって眺めていましたが、

「これはめづらしい、一つだけ孫に持って行ってやろう。」

といって、それをふところへ、しまいこみました。

そばで見ていた守彭は、なにを思ったか、つかつかと進みよると、その金銀の碁石を手に一ぱいつかみ取って、だまって自分のふところへ入れました。

大臣が、びっくりして聞きました。

「きみは、それをどうしょうというのだね。」

「はい、私にも子供が大ぜいおります。いまに孫もたくさんできましょう。その孫たちに一つづつやるには、これぐらい無くては足《た》りません。」

守彭のこの答に、大臣は、あいた口がふさがりません。すると、守彭は色を正して申しました。

「この金銀の碁石は、国に万一のことがあったときの用意に、代々お庫にしまわれていたものです。それを孫にやろうとて持出すのは、大臣にもあるまじきお心得ちがいというものです。かりに大臣が一つをお取りになって、そのあとで参判《さんぱん》(次官)が、また一つをとるとします。それからそれへと、つぎつぎに、何百人の書吏《しょり》や下役人が一つづつ取り出すことになったら、しまいにお庫の碁

石はどうなりましょうか。」

大臣は返す言葉もありません。きまりわるそうに顔を赤らめながら、ふところから、さっきの碁石を出して、もとの場所におきました。それを見とどけると、守彭も、自分のふところに入れた碁石を、そっくり取り出して、もとのところへ返しました。

あるとき守彭は、急ぎの書類をもって、こんどはべつな大臣のお屋敷へ伺《うかが》いました。大臣は、お客さんと碁をかこんでいましたが、守彭を待たせたまま、いつまでたっても、碁ばんから目をはなしません。碁が負けそうになったので、大臣はむちゅうです。

すると守彭は、碁ばんのそばへ行って、いきなり手を出すと、碁石を、めち

ゃめちゃに、かきまわしてしまいました。大臣は、

「無礼者、なにをするか。」

と、真赤になって怒りました。

守彭は、少しもわるびれずに、

「無礼は覚悟の上です。どうか、御ぞんぶんに、お仕置《しおき》を願います。しかし、この書類は、一刻をあらそう急ぎの御用でございます。これを先に御覧くださった上で、私を役人にお引渡し下さい。」

と、そう申しました。

一たん腹を立てた大臣も、それを聞くと、すぐ自分のわるかったことに気がつきました。大臣は、その場にかしこまっている守彭の手を取ると、

「いや、かえって、わしがあやまらねばならぬ。これからもあること、どうか、きょうのことを忘れずに、まちがったことがあれば、いつでも、えんりょなく教えてくれたまえ。」

と、こころから頼《たの》み入りました。

二千文の梅

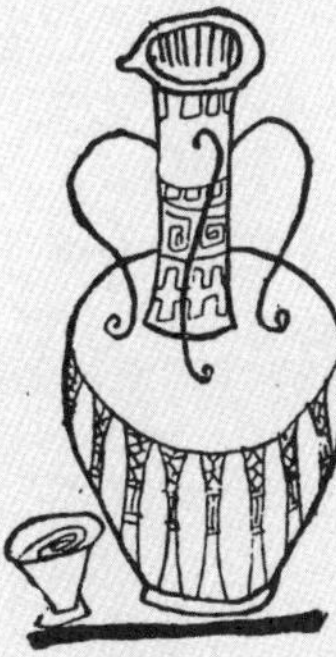

新羅の画聖といわれた率居《そっきょ》先生をはじめ、昔から朝鮮には、すぐれた画家が大勢いました。李朝時代の檀《だん》園金弘道《えんきんこうどう》なども、世界に自慢してはずかしくない立派な芸術家の一人です。

絵も見事でしたが、人としての器《うつわ》も、ずばぬけていました。人の流儀を追わず、どこまでも自分の力で新しい道をひらきましたから、線一本、点一つに至《いた》

るまで、生々とした魂の力がみなぎっていました。

文宗《ぶんそう》王の命令で、たびたび宮殿の壁画を描いたり、金剛山の景色を写したりしましたが、一つとして、他人のまねられるものはありませんでした。王様がどんなに檀園の絵を愛されたかは、御製の文集の中にまで檀園のことを讃《ほ》めているのでもわかります。

図画署の画員として王室に出入する身分ですから、さだめし、よい暮しをしていたに違いない——、そう思う人があるかも知れません。けれども、ほんとうのところは、朝晩のけむりさえ、とぎれ勝ちなほど、檀園は貧乏でした。世の中の富や名誉を塵《ちり》と見て、ひたすら絵筆《えふで》の中に魂を打ちこんだのですから貧乏するのは当りまえです。

あるとき、気に入った梅一鉢《ひとはち》が売物に出ましたが、ねだんが二千文もするので、貧乏絵師の檀園には手が出ません。梅はほしいし、錢はないし、どうしたらよいかと思案をしていると、そこへおりよく絵を頼みに来た人があって、その礼金に三千文の銭を置いてかえりました。

檀園は大喜びで、さっそくその中から、二千文で梅の代金を払い、八百文で酒とさかなを買わせて、気の合った友達と一しょに梅の鉢を眺めながら、よい気持で一晩を呑み明かしました。そんなわけで、せっかく三千の銭が入っても、かんじんの米や薪木《たきぎ》を買うお錢《あし》は二百文しか残らず、二三日の暮しにも足りないようなありさまでした。

☆

もともと東洋画には影というものがありません。光を土台にしていないからです。その東洋画に、はじめて影と光を与えて陰影法《いんえいほう》の絵を描《か》いたのは朝鮮で

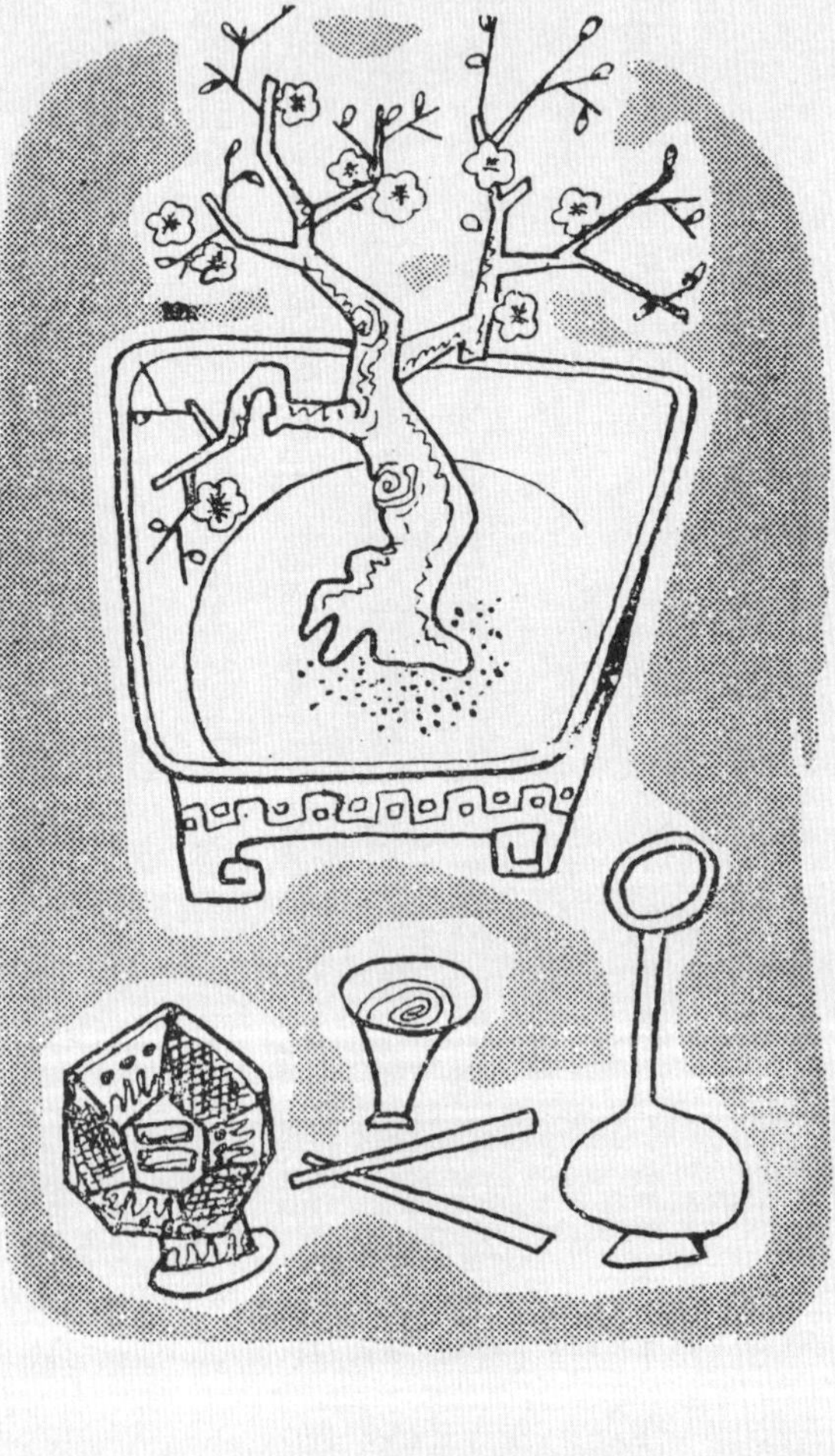

は檀園が最初です。いまでも京城の美術館には、檀園の描いた「闘犬図」という陰影法のりっぱな絵がのこっています。

この、影と光の西洋画法を日本で始めて取入れたのは渡辺華山でしたが、時代からいえば、檀園が三十年だけ早く生れています。山水や人物、草花や鳥獣、なにを描いても見事でしたが、中でも檀園の得意としたのは風俗画でした。李朝の風俗画では、もう一人蕙園《けいえん》という有名な画家がいますが、檀園の方がもっと力づよく、逞《たくま》しいといわれています。ミレーが農夫の絵を多く描いたように、檀園も、商人や、百姓や、鍛冶屋《かちや》のような、身分のない人の風俗ばかり描きました。

人《にん》蔘《じん》の焚《たき》火《び》

林商沃《りんしょうよく》は、鴨緑江の岸の義州《ぎしゅう》に生れた人です。外国との取引を喜ばなかった瑣国《さこく》時代の朝鮮にも、小さな貿易の港が三つありました。南の釜山、北の会寧《かいねい》、西朝鮮の義州がそれです。

釜山は、日本との通商にあてられた港で、会寧は北の女真族《じょしんぞく》が目あてでした。義州が中国のために開かれた貿易路であったことは、

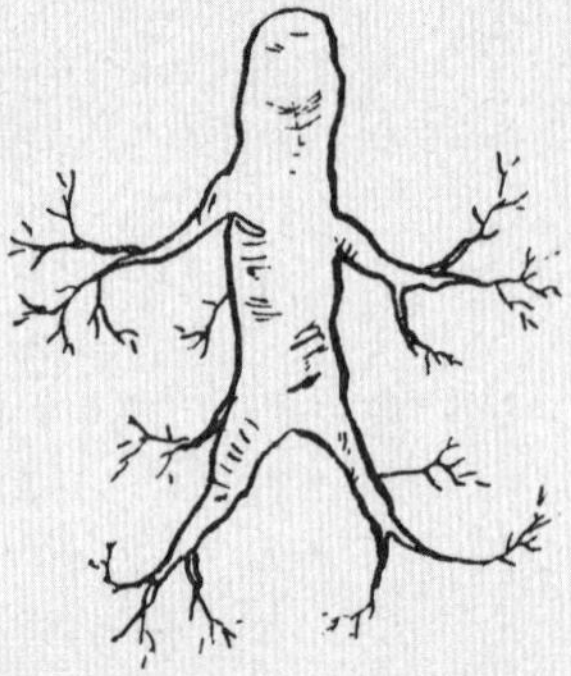

いうまでもありません。

時期をきめて毎年一度づつ、中国へ送り出される商品が、この義州を通りました。そして、中でも一番おもな商品は朝鮮人蔘でした。

林商沃は、朝鮮人蔘の貿易権を一手に引受けていた巨商で、毎年何十万両という沢山の人蔘が、この人の手を通って中国へ輸出されました。そのころ中国の人たちは、明けても暮れても人蔘人蔘で、朝鮮人蔘を服《の》まねば、生きがいがないとさえ考えられていました。

ところが、ある年のことです。人蔘の荷と一しょに、北京《ペキン》（燕京）に来た林商沃は、思いがけない目にあいました。人蔘を買おうというものが一人もいないのです。不思議なこともあればあるものだと、しらべてみたところ、そのわ

けが、やっとわかりました。

(林商沃の人蔘を一人も買わないことにしたらどうなるだろう。わざわざ、北京まで持って来た荷物を、そのまま持ちかえるはずはない。きっと値が下って、しまいには二束三文の安値で手放すに違いないから、その時、一ぺんに買おうではないか。そうなったら、ぼろいもうけができる。)

中国の商人たちが、こんな相談をして、林商沃を、いじめにかかったのです。

これには、さすがの林商沃も困りました。

なにしろ、何万貫というたくさんの人蔘です。いくら不老長寿の霊薬でも、買手がなくては商《あきな》いになりません。売らずに持って帰るにも、長い道のりの費用を考えると、それもできない相談です。

一時は途方《とほう》にくれましたが、一代の巨商といわれるほどの林商沃が、いつまでも、ためいきばかりはついていません。

(よし、向うがその気なら、こっちにも考えがある。)

林商沃は何を思ったか、人蔘の荷を残らず運び出して、空地に積み上げると、自分から火をかけました。何十万両の人蔘を、一度に燃やして灰にしょうというのですから、こんな豪勢《ごうせい》な焚火《たきび》はありません。

さあ、あわてたのは中国の商人たちです。ここで人蔘を灰にされては、まる一年の間、人蔘なしで暮らさねばなりません。林商沃が、どう出るかと、それとなくようすをさぐっていた中国の商人たちは、この人蔘の焚火に肝をつぶして、とんで駈けつけました。そして燃えさかる炎《ほのほ》の中から、先を争って人蔘を

取り出しました。

そうなると、もう勝負はこっちのものです。いままでの三倍四倍の値で、人蔘はその日のうちに、きれいに売れてしまいました。林商沃を困らせにかかった中国の商人たちは、あべこべに仇を討たれて、いまさらながらに林商沃の人物を見直《なお》しました。

商沃が義州へ帰って来たとき、年とったお母さんが門口へ出迎えながら、

「せがれや、こんどの商いはどうだったね。」

と、ききました。すると商沃が答えました。

「お母さん、銀なら、あの馬耳山《ばじさん》の高さはあります。錦《にしき》を積んだら、お城の高さにはとどきましょう。」

このへんじ一つで、そのときのようすがわかります。商いを商人のいくさにたとえるなら、林商沃こそ、勇気と智恵を兼ねそなえた凱旋将軍といわねばなりません。大きな困難、大きな失敗を前にして、少しもあわてなかったばかりか、かえってそのために、計り知れない大きな成功をかち得たのです。

☆

あるとき、全州《ぜんしゅう》という何百里も離れたところから、一人の見知らぬ男が林商沃をたずねて來ました。そして、商沃に会うなり、やぶから棒に、「錢を五万両お貸し願いたい」と、申しでました。

林商沃は、じっとその男の顔を見ていましたが、「よろしい、お貸しいたしましょう」といって、その場で五万両の為替《かわせ》を切って、渡しました。

そばにいた人が、その男の帰ったあとで、商沃にいいました。

「一度も顔を見たことのない人に、どうしてそんな大金を、やすやすと貸す気になったのですか。」

するとと商沃がいいました。

「きみは気がつかなかったか。あの男の顔には殺気《さっき》がみなぎっている。死ぬか生きるか、よほどの大事に、せっぱずまった人だ。その人が男と見こんでこの林商沃に頼んで来たのだ。貸さずにはいられまい。」

あとで、わかったことですが、その男は全州で税金を司《つかさど》っていた役人でした。国へ納める御用金をつかいこんだために、生きてはいられない事情でした。商沃のために、ない命を助けられたその男は、役人を棄てて商人になり、

あとで成功して、五万両と利息を、商沃に返してきました。

☆

政治家や学者になるばかりが出世だと考えていた昔です。林商沃ほどの巨商も、記録の上では、なに一つ、たしかなことが残っていません。けれども林商沃の人物の大きさは、たくさんの逸話となって、今も朝鮮に残っています。日本にも紀伊国屋文左衛門《きのくにやぶんざえもん》のような大きな商人が出ましたが、どこまでも外国を相手にして名を挙げたところに、林商沃の偉さがあります。

「洪景来乱《こうけいらいらん》」という大きな内乱のあったとき、義州の城を守り通した手柄で、朝廷から「五衛将《ごえいしょう》」に任命され、「完営中軍《かんえいちゅうぐん》」という位を授《さず》けられましたが、林商沃は辞退して受けませんでした。中国から難題を持ちかけられて困ったと

きも、林商沃は使臣の随行員となって北京へ出向き、よい働きをして国のために尽しました。

李朝の正宗《せいそう》三年(西暦一七七九年)に生れて、哲宗《てつそう》六年、七十七才で世を終りましたが、林商沃の一番目ざましく働いたのは純祖《じゅんそ》(一八〇一—一八三四)の時代です。

古山先生と朝鮮地図

いつ、どこの世の中にあっても、時代に目ざめ、一歩先を歩もうとする者は、それだけ大きな苦しみを担《にな》わなければなりません。信念が強ければ強いほど、その苦しみは、いよいよ大きなものとなるのです。

朝鮮にも、昔から多くのこうした先覚者がいました。志《こころざし》のために一生をふり棄ててかえりみなかった人は、何十人、何百人いたかわかりません。ここにい

う古山《こざん》先生も、先覚者の名にふさわしい多くの苦しみと、またその苦しみに値《あたい》するだけの、見事な功績を残した人の一人です。

古山先生は、名を金正浩《きんしょうこう》といって、黄海道の生れであるということだけしか知られていません。誰の子孫か、どういう家柄か、いつ生れて、いつ世を去ったか——。そうしたことが一切知られていないのです。それどころか、心から許しあっていた崔漢綺《さいかんき》という一人の友がいなかったら、「古山金正浩」の名前すら、後の世には伝わらなかったかも知れません。この崔漢綺という人は、天文その他について、三百巻の書物を著わした学者でしたが、この人と古山先生は、ほぼ同じ時代であるところから推《お》しはかって、先生の年代が李朝の末期純祖《じゅんそ》王より、高宗（光武）の初年にわたっているということだけは、おぼろげ

ながら、うかがわれます。

正確な朝鮮地図の完成——。これが古山先生の成し遂《と》げた事業です。「大東《だいとう》輿《よ》地《ち》図《づ》」といって、この二十二帖の新式地図は、半島の学界が誇る宝の一つとなっていますが、古山先生がこの事業を成し遂げるまでには、筆にも口にもつくせぬほどの、大きな苦労がはらわれています。

先生の系図《けいづ》が伝わっていないのは、とりもなおさず家柄が低かったしょうこです。家柄一つがものをいっていた当時の社会で、しかも、一番卑《いや》しめられた手仕事（地図の彫刻）をしていたのですから、先生が世の中から、どんな扱いを受けていたかは、想像してみるまでもありません。

先生は三十年もかかって、朝鮮中をくまなく歩きまわり、一々実地に調査し

て、あらゆる艱難《かんなん》と闘いながら、ついに完全正確な半島の全図を完成しました。こんどはそれを板木《はんぎ》に彫刻した上、哲宗《てっそう》の十二年、「大東輿地図」二十二帖と、「大東地志」三十二巻を著わしましたが

これほどの貴い事業に対して、朝廷はその功労に報《むく》いるどころか、国の秘密を洩らす者だといって、板木をのこらず火に焼き、先生の身柄まで牢につないでしまいました。

苦しみ多い一生を、ただ一すじの信念にささげて、古山先生は六十幾才の老《おい》の身を牢で亡くなられました。先生には、ただ一人の娘がありましたが、西大門《だいもん》の貧しい家で父の仕事を助けながら、三十才を過ぎるまで、とうとう人につれ添うこともできませんでした。

「大東輿地図」は、朝鮮半島を横十二段に分けた折だたみ式地図で、十里方眼を添えて、一目で距離の測定ができるようになっています。

日清戦争のとき、日本は、もっとも正確な軍用地図として、この「大東輿地

図」を用いました。そのずっとあとで、土地調査局の実測図ができましたが、それまでは古山先生のこの「大東輿地図」だけが、ただ一つの権威ある朝鮮地図でした。

先生には、この他に地球儀の製作もあったといわれます。高野長英や、佐久間象山《しょうざん》のような日本の先覚者と時を同じくして、朝鮮に古山先生が生まれていたというのは、いろいろな意味で、興味深いことではありませんか。

——おわり——

塩と砂糖　おいしい料理をつくるためには塩《しお》も砂糖も必要です。どちらも白いが、役目や働きが違います。一つは鹹《から》く、一つは甘い——この違つた働きが、たがいに調《ちよう》和《わ》し、生かし合つて、料理の味をつくり出すのです。

甘い塩では困るし、鹹《から》い砂糖も役に立ちません。塩は塩であることが貴《とうと》く、砂糖は砂糖であることに値打《ねうち》があります。

一つの繋り　地球の上には、たくさんの国があり、それぞれの民族は、異った言葉や風習《ふうしゆう》のもとに各自の生活を営《いとな》んでおります。けれども人類が担《にな》う共同の任務から全く切《き》り離《はな》された民族というものはありません。塩も砂糖も、料理をおいしくするという一つの目的で繋《つな》がるように、人間も、どこかに、必ず心の繋りを持つています。デンマークのアンデルセンが世界じゅうの子供に親《した》しまれるのも、ガンジーやリンカーンが世界の偉人として尊敬されるのも、みな、この心の繋りがあればこそです。決して、言葉や習慣が同じだからではありません。

正しく知るために　アジアに隣あつている韓国と日本——この二つの国は二千年の昔から文化を分ちあつた間柄《あいだがら》でした。言葉や文字や、宗教、芸術が、韓半島を通って日本へ流れ入つたことは誰もが知っています。そうした古い昔はさておき、現にこの

日本には、六〇万もの、韓民族が住んでいるのですが、調和し生かし合うかわりに、憎《にく》み合い、傷《きず》つけ合う場合が多いのは、まことに残念なことです。

「塩クン、きみは色が白いばかりで、少しも甘くないね。」——そういって砂糖が塩をケナします。

「なんだ、きみこそ鹹くないじゃないか。漬物が腐るだろ。」——そういって塩が砂糖を、やりかえします。おたがいが相手をよく知らないからですが、この「知らない」ということ、あるいは「間違って知っている」ということのために、私たちは、どれだけ損をしているか知れません。

コリアン・ライブラリーの仕事

韓国の文化を日本の人々に、もっとよく知らせたい——、日本に住む同胞たちにも、もっと〝ふるさと〟を知ってもらいたい——。その目的でコリアン・ライブラリーが生れました。会館を建てたり、会誌（ダイジェスト・コリア）を出したり、講演会や座談会を催《もよお》したり、ほかにも仕事はたくさんありますが、〈木槿文庫〉と〈木槿少年文庫〉が、その足がかりとなる最初の仕事です。小さなせせらぎが、やがて大河《たいが》となるように、一すくいの砂が集って防波《ほうは》堤《てい》が築《きず》かれるように、私たちは、この小さな文庫に、気永な、大きな希望《のぞみ》をかけております。

コリアン・ライブラリーの事業を達成する目的と、その仕事を援《たす》ける人々の尊い協力によって∧**木槿文庫**∨と∧**木槿少年文庫**∨が毎月二冊づつ刊行されます。∧文庫∨の第I集は「端宗六臣」、∧少年文庫∨の第I集は「棉の種」ですが、引つづいて来月は、

☆木 槿 文 庫（2）**隣 の 客**（随筆）

☆木槿少年文庫（2）**三つの瓶**（民話）

を予定しています。購読を希望される方は、前もつて発行所までお申込ください。

（**定価各一部六〇円**、送料八円。一〇部以上の取りまとめ注文に限り送料本社負担）

粗末な、小さな本ですが、読みおわったら、知合いの方々にも見せて上げてください。

定価60円・送料 8円

昭和三十二年四月十日 印刷
昭和三十二年四月十五日 発行

著者 金 素 雲
発行者
印刷人 岡 田 利 秋

神戸市生田区栄町通三丁目二四

印刷所 神戸出版印刷株式会社

発行所 **コリアン・ライブラリー**
大阪市天王寺区下味原町八〇
電話七五―六二三八審

▼ページが抜けていたり前後の順序が間違っていたりする製本がありましたら発行所宛お送り下さい。すぐお取りかえいたします。

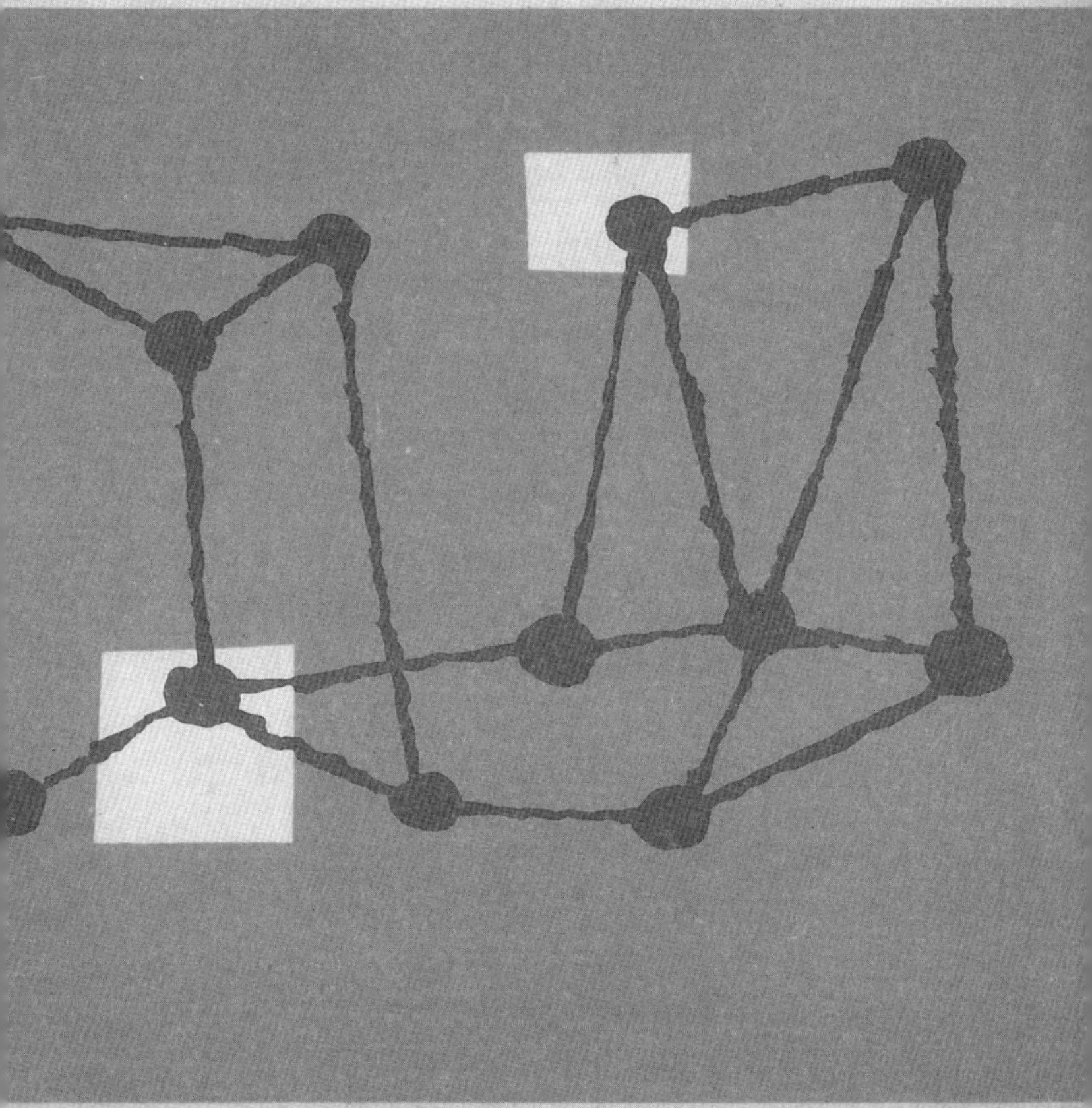

木槿少年文庫

—2—

三つの瓶《びん》

金素雲

コリアンライブラリー

コリアン・ライブラリーは、つぎの方々のお力添えによって事業を行って来ました。（名誉会員―拠金拾万円以上、または功労者。特別会員―拠金壱万円以上。）―五十音順・敬称略―

名誉会員

安東均　大阪市北区絹笠町、堂島ビル内、大阪交易KK
石井秀吉　愛知県半田市浜田三
江崎光雄　大阪市南区河原町一、食道園
大阪興銀　大阪市天王寺区下味原町八〇
大原総一郎　大阪市北区第一生命ビル内、倉敷レイヨンKK
大山陽治　名古屋市瑞穂区堀田町八ノ一一
河本庄司　大阪市東区南久宝寺町二の三、河庄KK
小浪義明　神戸市灘区高尾通り四ノ八
佐川佐太郎　大阪市東成区片江町二ノ四九、大優化学KK
阪本勝　兵庫県庁知事室
重光武雄　東京都新宿区百人町、ロッテKK
田中貞　名古屋市東区大幸町一七、名古屋学院
中倉久樹　三重県四日市市新浜町四区
永野静子　福岡市下東町一四、山名商店
西阪保治　大阪市天王寺区悲田院町、日曜世界社
朴永愛　福岡市網場町、安田商店
丸山邦夫　大阪市浪速区幸町通り五ノ一四、太洋貿易KK
馬得先　神戸市灘区福住通六丁目三ノ一〇
松田竹千代　東京都目黒区下目黒三ノ五八三
水野成夫　東京都千代田区有楽町、国策パルプKK
渡辺寛一　大阪府泉大津市清水町一、渡辺紡績KK

特別会員

新井在憲　京都市下京区壬生川通七条上ル、大洋商事KK
安学道　熊本市下通町二
石田信雄　仙台市中杉山通り五六、扇屋商事KK
神農登治　名古屋市中村区泥江町一ノ七、セントラルビル内
金下文吉　滋賀県宮津市字須津、金下建設KK
金光男　札幌市南十条西七丁目
金寿賛　熊本市河原町二
金百源　札幌市南五条西三丁目、丸源旅館
権赫偉　大阪市北区太融寺町二八、産経繊維KK
渋谷貴巳　神戸市立兵庫小学校長
新原常正　熊本市本山町六一三
南元　札幌市南九条西一丁目
裵点錫　札幌市南五条西三丁目、丸源旅館気付
朴準竜　札幌市南八条西四丁目
李学出　京都市上京区千本笹屋町上ル

（以上、昭和三二年六月現在）

木槿少年文庫

— 2 —

三つの瓶《びん》

＜伝承民話＞

コリアン・ライブラリー

発　行

はしがき

古くから韓半島に伝《つた》わる伝承《でんしょう》民話（昔ばなし）を八つだけ択《えら》びました。いままでにも何冊か韓国の童話・民話を集めて本にしましたが、それらの本を見てない人たちのために、小さな、手軽《てがる》な見本帖《みほんちょう》を一つ、つくつたという気持です。

いまの世の中から見れば、ずいぶんバカらしいと思われる話の中にも、昔の人たちの、のどかな心の姿が映《うつ》し出されています。日本や、そのほかの国々の民話に似かよつた話がありますす。また、韓国だけのものもあります。それらを引きくらべてみるのも、昔ばなしを味わう楽しみの一つです。

編　者

もくじ

わるいトラ……6
トラとウサギ……11
金のつなのつるべ……20
火の玉のムク……28
キジのかね……36
カボチャの種……43
物語のふくろ……54
三つの瓶……63

表紙・古田重郎
さしえ・金義煥

三つの瓶《びん》

＜伝承民話＞

わるいトラ

わるいトラが、おばあさんの大根畑《だいこんばたけ》に出てきては、毎晩《まいばん》のように、大根を食《く》いあらしました。おばあさんも、これには困《こま》りましたが、どうすることもできません。

とうとう、しあんをめぐらして、ある日、トラにいいました。

「トラのじいさんや。大根《だいこん》なんかたべていないで、今晩《こんばん》うちへおいでよ。おいしいアズキガユを、ごちそうするから。」

そういっておばあさんは、家へ帰《かえ》るなり、大《おお》いそぎで、したくにかかりました。

まず、火鉢《ひばち》に火をおこして、裏《うら》へだしておきました。

つぎは、台所《だいどころ》の水がめの中に、赤いトウガラシのこなをうかべました。

こんどは、ふきんに、針《はり》をいっぱい刺《さ》しておきました。

それから、台所の入口には、牛のふんを、そこらじゅう、まき散《ち》らしておきました。

庭《にわ》には、イネをほすときにつかう大きなむしろをひろげました。へいの内がわには、ものを背《せ》おう「やせうま」をおいておきました。

すっかりしたくができると、おばあさんは知らん顔《かお》をして、へやの中にはいり、トラがくるのを待ちました。

くらくなってから、トラが、のそのそやってきました。そして、おばあさんに声《こえ》をかけました。

「おや、トラのじいさんかい。ま、おはいり。」

おばあさんは、へやの戸をあけると、きげんのよい顔でいいました。

「そう、そう、今晩《こんばん》はとても冷《ひ》えるから、気のどくだけれども、裏《うら》へいって火鉢《ひばち》をはこんでもらおうかい。」

「いいともよ。」

トラは気がるに引受《ひきう》けて裏へまわりました。そして火鉢を持ちあげようとしましたが、見ると、火が消《き》えかかっておりました。

「おばあさん、おばあさん、火なんかありゃせん。おおかた消えてしまったよ。」

トラがそういいますと、おばあさんは、へやからへんじをしました。

「そうかい。そんならかまわず、上からどんどん吹《ふ》いておくれ、そしたら、じきおこるから。」

そういわれるとトラは、火鉢《ひばち》の上に口を寄《よ》せて、ぷうぷう息を吹きかけました。そのはずみに灰《はい》がまいあがり、トラの目の中にはいりました。トラはあわてて目をこすりました

が、こすればこするほど、痛《いた》くなるばかりです。

「おばあさん、おばあさん、目の中へ灰がはいった。どうしたもんだろ。」

トラが、苦しそうに、そういうのを聞くと、おばあさんは、

「やれやれ、気のどくな。そんなら台所《だいどころ》へいって、水がめの水で洗《あら》ってみなされ。」

と教《おし》えました。

トラは、いわれたとおりにしましたが、なにしろトウガラシの水だからたまりません。両方《りょうほう》の目玉が、ひりひり痛《いた》んで、いまにもつぶれるかと思われました。

「おばあさん、おばあさん、さっきよりも、もっとわるい。どうしたらよかろう。ああ、痛い、痛い。」

トラは、両方の目をおさえて、足をばたばたさせました。

「そうかや、そんなに痛いかや。そんならこんどは、ふきんでふいてみるがいい。」

おばあさんに教えられて、トラは苦《くる》しまぎれに、ふきんを取るなり、ごしごし目をこすりました。ところが、こんどは針《はり》が目に刺《さ》さって、気が狂《くる》いそうになりました。

トラは、そのときになって、やっと、おばあさんにだまされた、と気がつきました。それで逃《に》げようと台所をとびだしたところへ、牛のふんにすべって、スッテンコロリところびました。すると、庭《にわ》のむしろがきて、ぐるぐるトラをまきこんでしまいました。そこへ、とことこと「やせうま」がやってきて、むしろぐるみトラをのせたかと思うと、ひとりでに走《はし》っていって、わるいトラを、海の中へほうりこんでしまいました。

トラとウサギ

おなかをすかした年寄り《としょ》のトラが、道で子ウサギにあいました。トラは、目をギラリと光らせて、

「おまえをたべてしまうぞ。」

と、いいました。

りこうな子ウサギは、

「それよりまあ、ちょっと待ってください。おいしいおもちをあげますから──。火で焼《や》いてたべると、とてもおいしいのですよ。」

と、いいながら、まるい小石《こいし》を十一だけ拾《ひろ》って、トラに見せました。

「だが、これをどうしてたべるんだい。」

と、トラがたずねますと、子ウサギは、

「焼いて、まっ赤になったとき、一口《ひとくち》にのんでしまうのです。わたしが、たき木を集《あつ》めますから、おじいさんは焼《や》いてくださいよ。」

と、いいました。

ウサギは、たき木を集めてきて、火をつけました。トラが、その火の上に小石《こいし》をのせました。

小石が焼けてきたころ、子ウサギは、

「おじいさん、おじょうゆをづけてたべると、もっとおいしいのですよ。わたしが、一走《ひとはし》り村へいって、すこしもらってきますから、たべないで待っていてください。ちょうど、

十《とお》ありますからね。」

と、ねんをおしてから、ぴょん、ぴょんととんで、村のほうへ逃《に》げてしまいました。

まっかに小石が焼けてくると、トラは一つ二つと、かずをかぞえてみました。なんべんかぞえても、小石は一つだけ、よぶんにあります。おなかのすいたトラは、ウサギのいないまに、よぶんの一つをたべてしまおうと思って、一ばんよく焼けたのを、大いそぎで口にほうりこむと、ぐっとのみこみました。ところが、そのあついこと、あついこと、歯《は》や舌《した》を黒《くろ》く焼けただらせて、小石はおなかの中へはいっていきましたが、あまりのあつさにトラはとびあがって、もがき苦《くる》しみました。おなかの中を、大やけどしたトラは、それからしばらくは、なにもたべられませんでした。

ある日のこと、またトラは、子ウサギにあいました。

「このあいだは、ヒドイめにあわせたな。こんどこそ、おまえを食《く》ってしまうから——。」

と、トラは目をいからせました。ウサギはおそれるふうもなく、ニコニコしながら答えました。

「おじいさん、そんなにおこらないで、まあ聞いてください。わたしは、おじいさんのために、スズメを何万羽《なんまんば》でもつかまえるくふうをしていたんですよ。口をあけていれば、ひとりでに、スズメがはいってくるんです。」

年寄《としよ》りのトラは、これを聞くと、舌《した》なめずりをしながら、たずねました。

「ほう、どうしたらいいんだい。」

「なあにわけはありません。空をながめて口をあけて、ただ、じっとしていればそれでいいのです。わたしが、スズメを追《お》ってきますからね。」

こんどもトラは、子ウサギのいいなりになりました。ウサギは、竹やぶのかれ草に火をつけました。すると、ちょうどスズメが何万羽《なんまんば》となく飛《と》んでくるような羽音《はおと》がきこえま

す。いまにスズメが飛びこんでくるかと、トラは口をあけたまま、身うごきもせずに、じっと空をながめていました。

子ウサギは、遠《とお》くのほうから、

「ヤーシュイ。」

と、スズメを追《お》うふりをして、

「おじいさん、おじいさん、たくさんスズメがいきますよ。」

と、いって、また逃《に》げてしまいました。

火がだんだん近づいて、音もだんだん大きくなりました。それなのに、いっこうにスズメははいってきません。へんだと思って、あたりを見まわすと、見わたすかぎり一めんの火の海です。

トラは死にものぐるいで、火の中をかけぬけ、やっと、いのちが助《たす》かりました。からだ

じゅうが焼《や》けこげて、なめし皮《がわ》のようになってしまいました。

冬になって、また、ぺこぺこにおなかをすかしたトラは、川べりへやってきますと、そこで子ウサギが、野菜《やさい》をたべていました。

「よくも、このあいだは、だましたな、もうゆるしてやらないぞ。こんどというこんどこそ、おまえを食《く》ってしまうから——。」

トラは歯《は》ぎしりしながら、子ウサギのそばへきました。ウサギは、あいかわらず、ニコニコしながら、

「おじいさん、ひさしぶりですね。いま、わたしは、しっぽで川の魚《さかな》をつりあげて、たべたところなんですよ。川の魚は、おいしいですね。」

これを聞くと、おなかをすかしたトラは、ノドをゴクリと鳴《な》らしながら、

「じゃあ、おまえ、どうしてつりあげるんだい。ひとつ、わしにも教《おし》えておくれ。」

—17— トラとウサギ

と、いいました。

「これは、すこし、むずかしいけれど、おじいさんなら、だいじょうぶできますよ。まず、しっぽを水の中につけて、目をつぶるのです。そしたら、わたしが、川上《かわかみ》のほうから、魚を追《お》ってきますから、あいずをするまでは、すこしでもうごいちゃいけませんよ。そのうち、しっぽに、魚がいっぱい食いつきますからね。」

と子ウサギが申《もう》しました。いわれたとおりに、トラは、目をとじたまま、しっぽを水の中につけて、ウサギのあいずを、いまかいまかと待っていまし

た。

ウサギは、川上《かわかみ》のほうで、あっちこっち、はねまわって、魚《さかな》を追《お》うふりをしました。日がくれて、川の水は、だんだんつめたくなりました。

「これから、魚がいっぱい食《く》いつきますよ。だからうごいちゃだめですよ。」

と、声をかけて、ウサギは、またまた、逃《に》げてしまいました。

水が凍《こお》りはじめました。トラは、すこししっぽをうごかしてみると、なんだか重《おも》いようです。

「シメシメ、いまに、たんと魚《さかな》が食《く》いついたら、ひきあげてやろう。」

そう思って、トラは夜のふけるまで、じっと目をつぶって、待っていました。

もうよいじぶんだろうと、トラは、しっぽをひっぱってみましたが、びくともしません。しないはずです。川の水は、岩《いわ》のように固《かた》く凍《こお》りついていました。このときになって、や

っとトラは、三どもも、子ウサギにだまされたのだとわかりました。が、もう逃《に》げることもどうすることもできません。

夜があけると、年寄《としよ》りのトラは、村の人たちに見つかって、とうとう、つかまえられてしまいました。

金《きん》のつなの つるべ

さびしい山里《やまざと》に、おかあさんと、まだ小さい三人のむすめが暮《く》らしていました。姉娘《あねむすめ》が、日スニ《へ》、二ばんめが月スニ《タル》、末の 妹《いもうと》は星スニ《ビヨル》、という名まえです。

ある日、おかあさんは、遠《とお》い市《いち》へ出かけることになりました。それで、むすめたちに、よくよく、おるすをいいつけました。

「日スニ《へ》や、月スニ《タル》や、それから星スニ《ビヨル》や、おかあさんがもどるまで、この戸をあけてはいけませんよ。このあたりには、わるいトラがいますからね。」

ところが、ちょうどそのとき、おうちの外《そと》を、一匹《いっぴき》のトラがとおりかかりました。そし

て、おかあさんの出かけていくところを、ちゃんと見てしまいました。

トラはおなかがすいていました。なにかたべるものはないかと、洞穴《ほらあな》の中から出てきたところでした。

「これはいいあんばいだ。ひさしぶりで、きょうは腹《はら》いっぱい、ごちそうになるかな。」

しばらくだってから、もう、よいじぶんだと思ったので、トラはやさしいつくり声《ごえ》で、コトコトと戸をたたきました。

「日《ヘ》スニや、月《タル》スニや、星《ビョル》スニや。おかあさんが、いまもどったよ。ここをあけておくれ。」

けれども、どこか、おかあさんの声とはちがいます。それで日《ヘ》スニは、おうちの中からききました。

「おかあさんなら、そんなへんな声ではないはずよ。ほんとうにおかあさんなの。」

するとトラは、答えました。

「ほんとうのおかあさんだとも。おかあさんはね、お祝《いわ》いによばれて、歌《うた》をうたってきたんだよ。それで声がつぶれたのさ。」

こんどは、月《タル》スニがききました。

「そんなら、ほんとうのおかあさんかどうか、目を見れば、わかるわ。」

それを聞くと、トラは、ふしあなのところから、まっ赤な目玉《めだま》をのぞかせました。月《タル》スニはびっくりしてたずねました。

「どうして、おかあさんの目は、そんなに赤いの。」

「まあ、まあ、なにをいうのだね。」——トラは、すこしあわてて、いいわけをしました。

「本家《ほんけ》にいって、トウガラシを臼《うす》でついてきたんだよ。目の中にトウガラシがはいったから、それで赤いんだよ。」

「そんなら、手を見せてくださいな。ほんとうのおかあさんかどうか、わかるから——。」

一ばんおしまいに、星《ビョル》スニがいいました。トラはそういわれると、戸のすきまから、もじゃもじゃした黄《きい》ろい手をニュッとだして見せました。

「あら、あら、おかあさんの手が、どうしてそんなに黄ろいんだろ。」

「この手はね、となり村の親類《しんるい》のうちで、かべぬりおてつだいをしたんだよ。それで黄ろいんだよ。」

トラは、こんどもうまくいいぬけをして、まんまと、むすめたちをだましました。

三人の姉妹《きょうだい》は、そこで、安心《あんしん》して、戸のかんぬきをはずしました。

ところが、はいってきたのは、おかあさんではなくて、黄ろい大きなトラです。

「よくおるすいをしてくれたね。おかあさんが、いまに、おいしいごちそうを、たんとあげるからね。」

のどのかわいていたトラは、ぎらぎらする大きな目で、そういいながら、台所《だいどころ》へはいっていきました。むすめたちは、こわくてこわくてなりません。

「どうしたらよいかしら。いまにわたしたちは、たべられてしまう。」

むすめたちは、大《おお》いそぎで、裏《うら》からそっと逃《に》げました。そして、ぬきあし、さしあし、井戸《いど》のそばの、松《まつ》の木の上にかくれました。

そのうちにトラは、むすめたちのいないのに、気がつきました。

「日《ヘ》スニや、月《タル》スニや、星《ピヨル》スニや。おまえたちは、どこへいったのだい。」

そう呼《よ》びながら、おうちの中を、あちこちさがしてまわりました。けれども、どこにも見えません。しまいにトラは裏《うら》へ出て、井戸の中をのぞきました。

松の木にかくれているむすめたちのすがたが、井戸の水にうつりました。それで、トラは、とうとう、むすめたちを見つけだしてしまいました。

「まあ、まあ、おまえたちは、そこでなにをしているんだい。どうしたらあがれるか、おかあさんに教《おし》えておくれ。」

トラが、そうききましたから、姉娘《あねむすめ》の日《へ》スニが、高い木の上でいいました。

「戸だなの中の、ゴマ油《あぶら》を、幹《みき》にぬったらいいじゃないの。」

それを聞くと、さっそくトラは、戸だなの中から油つぼを持ってきて、それを木の幹にぬりました。けれどもすべってのぼれません。

「いい子だから教えておくれ、どうしたらのぼれるのだい。」

トラはもう一ど、枝《えだ》を見あげてききました。そのとき、月《タル》スニが、ついうっかりして、

「そんなら物おきの手おので、ぎざぎざをつけたら、いいぢゃないの。」

と教えてしまいました。

トラは、大よろこびで、教わったとおりにしました。そして、手おので足がかりをつけ

ながら、だんだんと木の上にのぼってきました。

「助《たす》けてください神《かみ》さま。金のつなのつるべを、どうぞおろしてください。」

三人の姉妹《きょうだい》は、天の神さまに、そういのりました。すると、ほんとうに金のつな

のつるべが、雲《くも》の上から、するするとおりてきました。三人のむすめたちは、そのつるべに乗《の》ってあぶないところを助《たす》けられ、雲《くも》の上にのぼっていきました。

トラも負けずに、おいのりをしました。

「わたしにも、つるべを、どうぞおろしてください。」

すると、こんども雲の上から、やっぱりつるべがおりてきました。けれども、それはくされづなのつるべでした。

トラを乗《の》せたくされづなのつるべは、半分《はんぶん》も空へとどかないうちに、プツンと切れてしまいました。まっさかさまに、トラが落ちたのは、ちょうどキビ畠《ばたけ》の上でした。いまでもキビの根《ね》のところが、まだらになっているのは、そのときのトラの血《ち》のあとです。

三人のむすめは、空へのぼって、神《かみ》さまから、それぞれ役目《やくめ》をさずかりました。そして名まえのとおりに、日や、月や、星になって、世界《せかい》じゅうを照《て》らすことになりました。

火の玉のムク

人間《にんげん》の世界《せかい》に、いろいろの国《くに》があるように、空の上にもいくつかの、ちがった国がありました。

「くらがり国《こく》」というのも、そのうちの一つです。名まえのとおり、この国には、光《ひかり》というものがありません。

あけてもくれても、まっくらがりです。年がら年じゅう、まっくらがりです。

くらがり国の人たちは、くらがりになれておりました。物音《ものおと》をききわけたり、手さぐりで、さがしあてたりすることでは、みんな名人《めいじん》です。けれども、ほんとうのところは、だ

れもかれもが、うんざりしておりました。はてしのないくらやみには、あきあきしておりました。

「光がほしい。光がほしい。ひるとよるとの、けじめがほしい。」

心の中で、そう思わないものは、ひとりもありません。

くらがり国《こく》の王さまだって、光《ひかり》がほしいのは、おなじことです。

「人間《にんげん》の世界には、おてんとうさんや、お月さんがある。なんとかして、あの光を、手にいれるくふうは、ないものだろうか。」

王さまは、いつも、このことばかりを考えておりました。

☆

くらがり国には、たくさんのイヌが飼《か》われていましたが、なかでも、一ぴき、とりわけ、かしこくて、いさましいむくイヌがありました。とても大きな口で、その口は、どん

なあつい火の玉でも、へいきで、くわえることができるのです。それで、くらがり国の人たちは、このイヌのことを、「火の玉のムク」と、よんでいました。

そればかりではありません。火の玉のムクの四本の足は、まるで鉄《てつ》の柱《はしら》です。なん百里という道のりを、またたくまに、かけてしまう早さでした。

「そうだ、あの火の玉のムクなら、おてんとうさんを、もぎとってこられるかもしれない。」

王さまは、それに気がついて、さっそく、けらいたちに、相談《そうだん》しました。けらいたちは、ひざをうって、王さまのちえをほめたたえました。

「それです。そのほかに、よいくふうはありません。あの、火の玉のムクなら、きっとだいじょうぶです。ほんとうに、よいところへお気がつきました。」

だれもかれもが、そう、うけあって、まるで、もう、おてんとうさんを、とってきたよ

うなさわぎです。王さまは、大よろこびで、その場《ば》から、すぐにも、火の玉のむくを、旅《たび》立《だ》たせるように、といいつけました。

火の玉のムクは、いさみたって、遠《とお》い旅にのぼりました。ずいぶん遠い旅でした。火の玉のムクの早足《はやあし》でも、二年はかかる道のりです。

それでも、いさましいむくイヌは、やすまず旅をつづけました。そして、とうとう、おてんとうさんのかかっている、人間《にんげん》の世界《せかい》の空にまで、たどりつきました。

おてんとうさんは、もう目の前です。赤い大きな火の玉が、らんらんと、もえていました。もえたぎっている火の玉を、一どにくわえることはできません。そこで、火の玉のムクは、口を近づけて、おてんとうさんを、くいちぎろうとしました。

けれども、そのあついこと、あついこと、やっと口いっぱいに、おてんとうさんを、くわえてはみたものの、さすがのむくイヌも、もうがまんができません。そのままでは、あ

つさのために、いまにもからだじゅうが、とけてしまいそうです。それで、あきらめて、一どくわえたおてんとうさんを、またはきだしてしまいました。

「とても、こんなことでは、おてんとうさんをもぎとるなど、思いもよらない。」

そう思って、火の玉のムクは、しかたなくなく、くらがり国《こく》へ帰《かえ》っていきました。

火の玉のムクが帰ってきたのをみて、王さまは、たいそう、ざんねんがりました。

「それなら、月へゆけ、月ならあつくはないだろう」と、火の玉のムクは、やすむまもなく、こんどは、月へやられることになりました。

ながいながい旅《たび》のあとで、火の玉のムクは、またもや、人間《にんげん》の世界《せかい》の空に、やってきました。月は、青白《あおじろ》い光《ひかり》をたたえて、空にかかっておりました。

なるほど、月は、あつくはありません。こんどは、だいじょうぶだろうと、火の玉のムクは、まんまるい月のそばに、口をもっていきました。そして、おてんとうさんのときの

ように、そっと、くわえてみました。

ところがどうでしょう。そのつめたいこと、つめたいこと、まるで氷《こおり》のかたまりです。それでも、がまんをして、口いっぱいに、月をくわえるにはくわえました。けれども、その上のしんぼうはできません。からだじゅうが、いまにも凍《こお》ってしまいそうです。火の玉のムクは、こんども、やっぱりあきらめて、月をはきだしたまま、またすごすごと、もとのくらがり国《こく》へ、帰《かえ》っていきました。

☆

火の玉のムクが、むだ足をして、帰ってきたのをみると、くらがり国の王さまは、こんどもがっかりしました。けれども、光《ひかり》がほしいと思う気もちは、かわりません。とれないものとわかれば、なおのこと、ほしくなります。そこで、またもや、おいたてるようにして、火の玉のムクを、おてんとうさんへやりました。

こんどもやはりだめでした。おてんとうさんのそばまでいって、口にくわえてみただけで、火の玉のムクは、やっぱり手ぶらで、帰りました。

またまた月へ、やられましたが、やはり、おなじことでした。ながいながい旅《たび》のあいだ、こんどこそ、といきごんでも、いざ口にくわえてみると、とても、がまんができません。それほど、月はつめたいのです。

五ど、十ど、二十どと、おなじことがくりかえされました。なんべんいっても、だめでした。そうなると、王さまののぞみは、いよいよ、つよくなるばかりです。

おてんとうさんは、あつすぎるし、お月さんは、つめたすぎる——。いかに、いさましい火の玉のムクでも、こればっかりは、できないのです。けれども、光《ひかり》がほしい一心《いっしん》からくらがり国《こく》の王さまは、いつまでたってもあきらめません。なん百ぺん、しくじっても、なん千べん、やりそこなっても、いまにきっと、おてんとうさんや、お月さんを、自分の

ものにしてみせるのだと、しゅうねんぶかく、ねらっているのです。

火の玉のムクも、もう、すっかり年をとって、むかしの元気《げんき》はありません。それでも、王さまのいいつけで、やっぱり遠い空の旅《たび》を、いまでもつづけているということです。

日食《にっしょく》や月食《げっしょく》——空にかかっているお月さんや、おてんとうさんが、ときどき、きゅうにくらくなって、またもとにかえるのは、火の玉のムクが、いまも生きているしょうこです。なんと、根気《こんき》のよい話ではありませんか。

キジの かね

木こりが、山おくにすんでいました。

ある日のこと、山で木を切っていると、すぐちかくで、ばたばたと、羽《は》ばたきながら、かなしそうに、なきたてるキジの声《こえ》がきこえてきました。なんだろうと思って、そばへいってみたら、こんもりとした柴木《しばき》の下に、キジの巣《す》があって、大きなヘビが、いまにもその巣に、おそいかかろうと、かま首《くび》をもちあげているところでした。

巣の中には、キジの卵《たまご》が、いっぱいはいっていました。

木こりは、手にもっていたささえ棒《ぼう》（しょいこのまえにあてがう、つっかい棒）で、シ

ッシッと、ヘビをおいましたが、ヘビはにげようともしません。それで、そのヘビを、棒のさきで、たたきのめして、ころしてしまいました。

☆

それから何年かたって、木こりは遠《とお》い旅《たび》にでました。

山道を、ずんずん歩《ある》いていくうちに、日がくれて、あたりは、まっくらになりました。おなかはすいたし、足はつかれたし、どこか家はないかと、見まわしたら、はるかむこうの松林《まつばやし》の中に、あかりのもれているのが、目につきました。そのあかりを、目じるしにして、近《ちか》づいてみると、それは山おくににあわない、りっぱな瓦《かわら》ぶきのお屋《や》しきでした。

その大きなお屋しきには、十九か二十《はたち》くらいの若《わか》い女が、ひとりいるきりです。木こりが、一夜《いちや》の宿《やど》をたのむと、

「さあさ、おはいりなさい」と、しんせつに、むかえてくれました。

ごちそうも、たくさんでました。

おばけの家ではないかと、木こりは、うすきみわるく思いましたが、なにしろ、おなかがすいていたので、だされたごちそうを、腹《はら》いっぱいたべました。食事《しょくじ》がすんでから、木こりがたずねました。

こんな広いおうちに、どうして若いかたが、ひとりですんでいるのですか。」

すると、女は、

「かたきを、まっているのですよ。」

と、答えました。

「かたきって、それはどこにいるのです。」

かさねて、木こりがきくと、

「ここにいる。それ、おまえさんが、わたしのかたきだよ。」

と、いいながら、赤い大きな口をあけて、「イヒヒ」と、笑《わら》いました。

木こりは、おどろいて、どうして自分《じぶん》が、かたきなのか、そのわけを、はなしてくれといいました。すると、女は、いつか木こりが助《たす》けた、キジの巣《す》のことを、いいだしました。

「あのとき、ころされたヘビが、わたしなんだよ。わたしは、長いこと、おまえさんに、めぐりあうのをまっていた。きょうこそ、おまえさんのいのちをとって、長いあいだのうらみをはらすのさ。」

それをきいて、木こりは、生きた心地《ここち》もしませんでしたが、ふるえる声《こえ》で、女にいいました。

「あなたに、うらみがあったわけではない。よわい大ぜいのいのちが、つよいひとりのために、おびやかされるのをみかねて、助《たす》けたまでです。どうか、かたきだなどといわない

で、いのちを助《たす》けてください。」

女は、せせら笑《わら》いながら、はじめは、とりあいませんでしたが、木こりが一生《いっしょう》けんめい涙《なみだ》をながしながらたのむと、

「そんなら、ただ一どだけ、おまえさんとかけをしよう。」

と、申しました。

「この山のおくには荒寺《あれでら》がある。人はだれもすんでいないが、その寺には、大きなつりがねが一つさがっている。もしも夜があけるまえに、おまえさんが、ここにすわったままで、そのかねを、ならすことができたら、いかにもいのちは助けてやろう。」

木こりは、それをきくと、かなしくなりました。

「このへやにいたままで、かねをならすなんて、どうして、そんなことができましょう。それでは、いまのいま、いのちをとられるのもおなじです。そんなひどいこといわない

で、どうか、わたしを帰《かえ》してください。」

すると、女は、きっぱり、いいきりました。

「だめだよ。まちにまったかたきに、いま、めぐりあって、どうしておまえさんを、みのがすことができよう。もしもそれができないなら、かくごをするがいい。おまえさんを、食《く》いころしてやるから。」

木こりは、あきらめました。もはや、いのちはないものと、かくごをきめました。

そのときです。夜のしじまをやぶって、はるか遠《とお》い山寺《やまでら》から、ゴーンと、かすかに、

かねの音《ね》が、ひびきわたりました。

そのかねの音をきくと、女は、歯《は》ぎしりをしながら、くやしがって、

「しかたがない。おまえさんは、やっぱり、神《かみ》さまにまもられている。」

と、いったかと思うと、すがたが、きゅうに見えなくなりました。いまのいままで、すわっていた広い屋《や》しきも、けむりのようにかききえてしまいました。

思いがけなく、いのちの助《たす》かった木こりは、あまりのふしぎさに、夜があけるのをまちかねて、山おくの寺を、たずねていきました。

なるほど、荒寺《あれでら》には、大きなつりがねが、さがっているばかりで、人のけはいはありません。かねには、まっ赤な血《ち》がにじんでいました。そして、かねの下には、頭《あたま》をくだき、ハネのおれたキジの死がいが、血まみれになって、よこたわっていました。

カボチャの種《たね》

欲《よく》のふかいにいさんと、心のやさしい弟《おとうと》が、おなじ村《むら》にずんでいました。にいさんは、大きな家《いえ》で、なに不自由《ふじゆう》なく暮《く》らしていました。それでも、口ぐせのように、「たりない、たりない。」と、ぐちをこぼしておりました。

それにひきかえて、弟は暮らしこそまずしいけれど、不平《ふへい》をいわない人でした。

そのまずしい弟の家に、南の国からツバメがきて、軒《のき》の下に巣《す》をかけました。苗代《なわしろ》に、そよそよと風のわたる初夏《はつなつ》です。まもなく、ツバメは、かわいい子どもを、なん羽《ば》となくかえしました。

わらぶき家《や》の軒下《のきした》が、ピイチク、ピイチクと、にぎやかです。巣が落《お》ちないように、板《いた》ぎれを、下へあててやりました。親《おや》ツバメは、せっせとえさを見つけてきては、子どもたちをそだてました。ツバメの子は、毎日大きくなっていきました。

ある日のことです。おかあさんツバメが、えさをさがしに出たあとへ、大きな青大将《あおだいしょう》が一匹《いっぴき》、するすると屋根《やね》をおりてきました。青《あお》大将《だいしょう》はツバメの巣《す》に近《ちか》よると、「こ

れはごちそうだ」とばかり、ニュッとかま首《くび》を持ちあげて、巣の中をのぞきこみました。

ツバメの子は、こんなおそろしいめにあうのが、はじめてです。小さなハネを、ばたばたさせて、一生《いっしょう》けんめいに飛《と》ぼうとしました。けれども、ハネには、まだまだ力《ちから》がついておりません。飛べないハネで、むりに飛びたとうとして、一羽《いちわ》の子ツバメは、まっさかさまに巣から落《お》ちてしまいました。

そのさわぎを聞きつけて、弟が出てきました。そしてシッ、シッと、青大将を追《お》いました。青大将は、ざんねんそうに巣をあきらめて、逃《に》げていきました。

巣《す》から落《お》ちた子ツバメは、足が折《お》れていました。

「かわいそうに、どんなに痛《いた》いだろう。」

弟は、ツバメの子が、あわれでなりません。折れた足にくすりをつけて、白い布《きれ》で、ていねいに、傷《きず》をしばってやりました。

十日《とおか》、二十日《はつか》とたつうちに、足を折ったツバメの子は、すっかり元気《げんき》になりました。ハネに力もつきました。もう、おかあさんのえさを、待《ま》っておりません。じぶんひとりで、大空《おおぞら》を、自由《じゆう》に飛《と》びながら、虫をさがすほどになりました。

☆

夏《なつ》がすぎて、秋《あき》がきて、ツバメたちは南の国へ帰《かえ》りました。足を折った子ツバメも、もう、ちゃんとおとなになって、なごりおしそうに、村をはなれてゆきました。

あくる年の初夏《はつなつ》です。古巣《ふるす》をたずねて、去年《きょねん》のツバメが、またこの家にやってきました。海をこえ、山をこえて、はるばる遠《とお》い道のりです。それでもツバメは、むかしの古巣を忘《わす》れません。ピイチク、ピイチク鳴《な》きたてて、ツバメが軒《のき》をかすめます。弟のまずしいお家は、またにぎやかになりました。

足を折《お》った去年《きょねん》のツバメは、助《たす》けられたお礼《れい》に、カボチャの種《たね》をくわえてきて、お庭《にわ》のすみに落《おと》しました。その種から、つるがのびて、屋根《やね》にはいあがったかと思うと、もう秋《あき》には、一《ひと》かかえもある、大きなカボチャが、三つもならんでなりました。

弟は、よろこんで、カボチャを一つ取りました。

「めずらしい大きなカボチャだ。一つだけでも、ずいぶんたくさんあるだろう。村の人たちにも、わけてあげよう。」

そう思いながら、弟はカボチャを二つにわりました。すると、どうでしょう。中からは、ぞろぞろと大工《だいく》さんが出てきました。まさかり、かんな、のこぎりを、手に手に持っておりました。

大工さんが、すっかり出てしまうと、つづいてこんどは、材木《ざいもく》が、どんどん出てきました。大工さんたちはその材木で、見るまにりっぱなおうちをたてて、どこかへいってしま

いました。

あまりのふしぎさに、弟は、ただただ、あきれておりました。「あとのカボチャには、いったい、なにがはいっているのだろう。」そう思って、こんどは二ばんめのをわりました。

二ばんめのカボチャからは、めしつかいがぞろぞろ出てきました。すきや、くわや、かまを持った、お百姓《ひやくしよう》さんもありました。水がめや、お針《はり》を持った女のめしつかいもありました。みんなは出てしまうと、うやうやしく礼《れい》をして、「さあさ、だんなさま、なんでもご用《よう》をいいつけてください」と、声《こえ》をそろえて申しました。

三ばんめのカボチャからは、目もくらむほど、たくさんの

金《きん》や銀《ぎん》が出てきました。びんぼうな弟は、その金銀で、土地《とち》をかいいれて、村《むら》一ばんの長者《ちょうじゃ》になりました。

☆

欲《よく》のふかいにいさんは、うらやましくてなりません。どうかして、じぶんも、あんな身分《みぶん》になりたいと、弟のところへやってきて、それとなくたずねました。

「なあ、弟や、おまえはどうして、こんないい身分《みぶん》になれたのだい。」

弟は、ありのままを答えました。

「ツバメが足を折《お》りました。それを助《たす》けてやりました。そのツバメがカボチャの種《たね》を持ってきて、それでこんなになったのです。」

それを聞《き》くと、にいさんは、もうじっとしていられません。あくる年の初夏《はつなつ》に、ツバメのくるのを待《ま》ちかねて、さっそく、ツバメの子を一羽《いちわ》、巣《す》から取りだしました。そして、ぽきりと足を折《お》ると、こんどはくすりをつけて、白い布《ぬの》でぐるぐるまいて、もとの巣の中に入れておきました。

秋《あき》になると、ツバメの子は、南《みなみ》へ帰《かえ》っていきました。さあ、にいさんは、うれしくてなりません。

「もう、あと、ちょっとのしんぼうだ。いまにツバメが、やってくる。種《たね》をくわえてやってくる。」

早く夏《なつ》がくればいいと、それぱっかりを待ち暮《く》らしました。そのうちに、春《はる》がすぎて、待ちに待った夏になりました。

足を折られた去年《きょねん》のツバメが、にいさんの家《いえ》に、またきました。おまけにちゃんと、カボチャの種も、口にくわえておりました。その種を庭《にわ》に植《う》えると、欲《よく》ふかのにいさんは、毎日水をかけました。「早くなれ、早くなれ」とこやしもたくさんやりました。

カボチャのつるが、だんだんのびて、屋根《やね》の上に、大きなカボチャが、やっぱり、三つなりました。弟の家でできたよりも、もっと大きなカボチャです。

「ありがたい、もうしめた。弟なんかに負《ま》けるものか。」

にいさんは、こおどりして、さっそくカボチャをわりました。中から出てきたのは、大《だい》工《く》さんではありません。大《おお》ぜいのオニどもが手に手にせめ道具《どうぐ》をさげて、にいさんの前にあらわれました。

「不人情《ふにんじょう》の欲《よく》ばりめ、痛《いた》い思いをさせてやる。」

オニたちは、かわるがわる、にいさんを打《う》ちのめしました。打ちながら、口々《くちぐち》にこうとなえました。

そのうちにオニたちは、どっかへ見えなくなりました。こんなひどいめにあって、それでもにいさんはこりません。こんどこそ、宝《たから》をだそうと、二ばんめのカボチャをわりました。

すると、こんどは借金取《しゃっきんと》りが、あとからあとから出てきました。

「金《かね》をかえせ、金をかえせ、かえさにゃ、なんでも、さらっていくぞ。」

口々にそういって、ほんとうに手あたりしだい、なんでも持っていきました。

たちまちのうちに、にいさんの家《いえ》は、あき家《や》もおなじになりました。

カボチャなど、わるんじゃなかったと、いまさらくやんでも追《お》いつきません。にいさん

は、それでもまだあきらめられず、おそるおそる、三ばんめのカボチャにほうちょうを入れました。

するとこんどは、カボチャの中から、黄《き》いろいどろ水が、どんどんあふれて、出てきました。見る見るうちに、家じゅうが、どこもかしこも、どろだらけです。にいさんは、とうとうひめいをあげて、弟の家に逃《に》げこみました。

気のどくなにいさんを、弟はしんせつにいたわりました。欲《よく》ふかのにいさんも、じぶんのわるかったことに気がついて、それからは、へりくだった、つつましい人になりました。弟は、田畑《たはた》から、めしつかいから、なんでも、にいさんと半分《はんぶん》にわけて、のちのちまで、仲《なか》むつまじく暮《く》らしたということです。

物語《ものがたり》の ふくろ

むかし、ある金《かね》もちの家《いえ》に、ひとりの男の子がありました。物語を聞《き》くのが大すきで、物語を聞くたびに、「物語をためておくんだ」といって、腰《こし》にぶらさげている ふくろの口をあけて、その中へ、物語をつめこみました。そして、物語が逃《に》げださないように、しっかりと、ふくろの口をむすんでおきました。

男の子が、りっぱな若者《わかもの》になって、いよいよ、およめさんを、むかえることになりました。この家には、古くからいる、ひとりのめしつかいがありました。

およめさんを、むかえるしたくで、家の中は、大さわぎをしているとき、かまどで、め

しつかいは、火をたいていました。すると、どこからともなく、ささやき声《ごえ》がもれてきました。じっと耳をすますと、それは、かべにかけてある、ふくろからきこえてくるのでした。

「おいみんな、あしたは、あの子どもの結婚式《けっこんしき》だね。おれたちを、こんなにぎゅうぎゅうおしこんで、長いあいだ苦《くる》しめたんだから、あすは、かたきを取ってやろうよ。」

と、一つの声がいうと、

「うん、おれも、そう思っていたのさ。あしたは、あいつが馬に乗《の》っていくだろう。だから、おれは、とちゅうで、きれいなイチゴに化《ば》けて、みちばたで待っていてやる。そしたら、あいつは、きっと、たべたくなるるだろう。もしもたべたら、その場かぎりで、あいつの命《いのち》はないのさ。」

と、も一つの声がいいました。

「それでも死《し》ななかったら、こんどは、おれが、道ばたの井戸《いど》水《みず》になって、かわいいパカチ（水を汲むふくべ）をうかべて待っている。すると、あいつは、のどがかわいて、水をのむだろう。もしものんだら、あいつは、それっきりさ。」

と、つぎの声がいいました。すると、四ばんめが、

「じゃあ、おまえがしくじったら、こんどは、おれが、まっ赤にやけた鉄《かな》ぐしになって、もみだわら（はなむこが、馬からおりるとき、地べたに足がふれないように、馬のわきにおくたわら）の中にかくれていよう。そして、馬からおりたときに、あいつの足をやきこがしてやるんだ。」

と、いいました。すると、また、べつの声《こえ》がいうことには、

「もし、それでもだめだったら、さいごにおれは、細長《ほそなが》い糸蛇《いとへび》になって、はなむこ、はなよめの床《とこ》の下にかくれていよう。そして、寝入ったところを、かみついてやるんだ。」

かまどのそばで、それを聞いためしつかいは、びっくりしました。これはたいへん、一《いち》大事《だいじ》、あしたは、どんなことがあっても、若《わか》だんなの馬のたずなは、じぶんがとろうと、心にきめました。

あくる朝はやく、結婚《けっこん》の行列《ぎょうれつ》のしたくができて、はなよめさんの里へ、むかうことになりました。めしつかいは、とんで出て、はなむこの馬子《まご》にしてくれと、いいだしました。

「おまえは、うちにいるがいい、ほかの用事《ようじ》もあることだから。」

と、あるじがとめましたけれども、

「なにがなんでも、きょうだけは、馬子《まご》にならしてください。」

と、ききません。とうとう、あるじも、こん負《ま》けして、はなむこの馬のたずなを、めしつかいに、とらせることになりました。

しばらくいくと、行列《ぎょうれつ》は、野道《のみち》にさしかかりました。みちばたに、まっ赤な野《の》イチゴが、たくさんみのっていました。

「ちょっと、馬をとめて、あのイチゴを取っておくれ。」

はなむこが、馬の上から声《こえ》をかけました。めしつかいは、ここぞとばかり、馬をいそがせながら、

「まあ、まあ、がまんしてください。イチゴなんかは、どこにだってありますから。」

そういって、馬にピシリとむちをあてました。

また、しばらくいくと、こんどは道ばたに、すずしそうにわいている、きれいな井戸《いど》がありました。そこには、小さな水汲《みずく》みのふくべまでついていました。

「あの井戸水《いどみず》を、一ぱい汲んできて、のましておくれ。さっきから、のどがかわいて、たまらないんだ。」

と、はなむこは、めしつかいにいいました。こんどもめしつかいは、馬をいそがせながら、

「あの木《こ》かげにはいれば、いっぺんに、のどのかわきなんか、とまりますよ。」

と、いって、まえよりも、いっそう強《つよ》く、馬に、むちをあてました。はなむこは馬の上で、ぶつぶつ不平《ふへい》を鳴《な》らしましたが、めしつかいは、かまわず、ずんずん走《はし》って、はなよめの家へ着《つ》きました。はなよめの家には、大ぜいの人たちが待っておりました。

めしつかいは、馬を庭《にわ》にいれて、もみだわらのすぐそばにいきました。

はなむこが、いざ足をおろそうとしたとき、めしつかいは、ドンと、はなむこをおし倒《たお》して、すぐに、むしろの上へ落《おと》しました。はなむこは、はずかしさのあまり、まっ赤にな

りましたが、その場《ば》で、めしつかいをしかるわけにもいかず、そのまま、はなよめと結婚《けっこん》式《しき》をあげました。結婚式のお祝《いわ》いもすんで、みんなは帰《かえ》っていきました。

やがて、夜もふけていきました。めしつかいはつるぎを持って、はなむこ、はなよめがはいっているへやの、えんがわの下にかくれていました。はなむこ、はなよめが、あかりをけして、ね床につこうというときです。めしつかいは、へやの戸をガラリと開けて、へやに飛《と》びこんでいきました。おどろいたの

は、はなむこ、はなよめです。「だれだっ」と、声《こえ》をたてながら、ふたりは、ね床から、はねおきました。

「若《わか》だんなさま、わけは、あとで話《はな》します。ちょっと、そこをどいてください。」

めしつかいは、そういいざま、へやにしいてある、ね床をはねのけました。床の下には、なん百という糸蛇《いとへび》が、一つにからみあっていました。めしつかいは、ものをもいわずに、手にしたつるぎをふりまわして、糸蛇に切りつけました。切られた糸蛇は、赤い口をあけて、黒い二叉《ふたまた》の舌《した》をうごかしながら、四《し》方八方《ほうはっぽう》へ逃《に》げまわりました。めしつかいは、きちがいのようになって、糸蛇を、みんな切り殺《ころ》しました。

そして、大きく息《いき》をつきながら、

「若《わか》だんなさま、じつはこういうわけなのです。」

そういって、ふくろの中から聞こえてきた物語《ものがたり》を、のこらず話《はな》しました。

☆

だから、物語を聞《き》いて、しまっておいたりなぞしないものです。聞いた話《はなし》は、つぎからつぎへと、人に聞かせなければなりません。

三つの瓶《びん》

牛や馬を何百頭《とう》も飼《か》っている物持《ものもち》のお百姓さんがありました。

このお百姓さんには男の子が一人いるだけで女の子がありません。どうかして娘を一人ほしいと思っていましたが、ある年のこと、願いがかなって、かわいい女の子が生れました。家じゅうのよろこびは、たとえることばもありません。お百姓さんはこの娘を、天からさずかった宝《たから》もののように大切にして育てました。

娘が七つになった時です。

ある朝、家の人たちが起《お》き出してみると、厩《うまや》につながれていた牛が一頭死んでいました。

「ゆうべまで、元気でピンピンしていたのに、おかしなこともあるものだ。」

厩をあずかっている下男たちは、そう言いながら首《くび》をかしげましたが、その不思議はつぎの日も、またつぎの日もつづきました。夜《よ》が明けると、きまったように、牛か馬のどっちかが、一頭づつきっと死んでいるのです。

「これは、きっと何かわけがあるにちがいない。」

お百姓さんは、そう考えて下男にそっと言いつけました。

「お前は、夜どおし起きていて、寝ずの番をするのだ。そして、どんなわけで、牛や馬が死ぬのか、よく見とどけるがよい。」

言いつけられた下男は、その通りにしました。家じゅうが寝しずまった夜中に、下男だけは物かげにかくれて、厩を見張っておりました。

すると、真夜中《まよなか》も過ぎたじぶんです。奥の部屋の戸があいて誰かがそっと出て来まし

たが、見るとそれは七つになった主人の娘でした。

「いまごろ、なんで起き出したのだろう。」

そう思って下男は、なおもようすを見ておりました。それとも知らない娘の子は、お台所の油《あぶら》つぼに手をつっこんで片腕《かたうで》をすっかり油でぬらすと、そのまま足音をしのばせて厩に近づきました。そして一頭の牛の尻《しり》に油でぬめった手をさしこんだかと思うと、生き肝《ぎも》を引きぬいて、その場でムシャムシャ食べてしまいました。

牛は鳴き声一つ立てられずに、そのまま死んでしまいました。娘の子は血のついたまっ赤な口をふくと、また足音をしのばせて、部屋へ帰ってゆきました。

驚いたのは下男です。夜が明けるのを待ちかねて、さっそく主人のお百姓さんに見たとおりのことを話しました。ところがお百姓さんはほんとうにしません。

「そんなばかな——。おおかた寝ぼけてお前は夢《ゆめ》でも見たのだろう。かわいいわしの娘を

鬼《おに》あつかいにするとはなんておそろしいやつだ。そんなふらちなやつを家に置くことはできない。とっとと出てゆくがいい。」

お百姓さんは下男を追《お》い出してしまうと、つぎの晩は、べつな下男に寝ずの番を言いつけました。

この下男の見たのも、そっくり前の晩のとおりです。真夜中に、娘が出て来て、油つぼに片手をつっ込んで、牛の尻から生肝を抜き取ってムシャムシャ食べると、牛が死んでしまう——。

あくる朝、下男は、お百姓さんの前に出て、自分の見たとおりのことを話しました。

「どいつもこいつも、なんと言うふらちな奴らだ。わしのかわいい娘を生き肝食いだなんて、恩知らずにもほどがある。さあ、きょうかぎり出てゆくがいい。」

こんどもお百姓さんは、腹を立てて、その下男を追い出してしまいました。

また一人べつな下男が、三番目の寝ず番に立ちました。その下男も、追い出されてしまいました。

なんべんも同じことがくりかえされたあとで、お百姓さんは、こんどは、息子《むすこ》に寝ず番を言いつけました。

「せがれや、お前ならきっと、ほんとうのことをわしに話してくれるに違いない。どんなわけで牛や馬が死ぬのか、よく見ていておくれ。」

そこで、こんどは息子が厩を見張《みは》ることになりました。真夜中すぎに、小さな妹が部屋からしのんで出て来ました。

お台所の油つぼに手を入れて、その手を牛の尻につっ込んで、引き抜いた生き肝をムシャムシャ食べて、妹は口をふくと、そっと足音をしのばせて、また自分の寝間《ねま》へ帰って行きました。

なにもかも、下男たちが見たとおりです。あくる朝、お百姓さんに呼ばれると、息子は、つつみかくさずに見たままを話しました。

「お父さん、やっぱりほんとうでした。妹は人間ではありません。鬼か狐《きつね》の生れかわりに違いないのです。」

お百姓さんは、ハラハラ涙を流しながら息子に申しました。

「ああ、なんてことだ、お前までそんなことを言うのか。わしがあんまり娘をかわいがるもんで、きっとお前たちは、ねたんでいるのだろう。もう、もう、お前なぞせがれとは思はぬ。どこへなりと好きなように出てゆくがよい。」

どんなに言いわけをしても、お百姓さんは聞きません。とうとう息子もあきらめて、家を出ることになりました。

☆

あてのない旅を何年もつづけているうちに、息子は山奥で一人の道士《どうし》にあいました。家を出るまでの悲《かな》しい物語を聞いて、道士は申しました。

「やれやれ、お気の毒な。いまとなってはもう手おくれかも知れぬが、親御《おやご》さんたちが無事かどうか、あんたはいま一度、立ち帰って見届《みとど》けなさるがよい。ここに瓶《びん》が三つある。危《あぶな》いと思ったときは、この瓶を一つづつ投《な》げて命《いのち》を助《たす》かるのじゃ。」

そう言って道士は、赤、青、白の三通《みとお》りの瓶を息子にわたしました。

お百姓の息子は、道士からもらった三つの瓶を、大切にふくろにしまって馬に乗りました。何日《なんにち》かたって、なつかしいふるさとにたどり着きました。

山や川は昔のまゝですが、住《す》みなれた村は一めんに、ぼうぼうと草が生《は》えて、人っ子《こ》一人見当《みあた》りません。わが家の前に立ちましたが、軒《のき》はかたむき、門はくちはてて、見るかげもない変りかたです。市場《いちば》のようににぎわっていた家じゅうは火が消《き》えたようにヒッソリ

としていて、厩につながれていた何百頭という牛や馬はかげもありません。あまりにも変りはてたわが家の前で、息子はただぼんやりと、立ちつくしていました。そのときです。くずれかけた家の中から若い女が一人出て来るなり、

「おや、おや、誰かと思ったら兄さんじゃないの、まあ、なんだってそんな所に立っているんですね。さあさ、早くお入りなさい。」

と、さもなつかしそうに声をかけました。姿《すがた》こそ変っていても、それはたしかにあの妹です。何年も見ないうちに、小さかった妹は、もう一人前の女になっていました。

妹は、兄が家を出てからこのかた、牛や馬の生肝を毎日一つづつ抜《ぬ》き取っては食べていました。そのうちに、何百頭の牛馬《うしうま》が残らず死んでしまうと、こんどは、めしつかいや村の人たちが、つぎつぎに生肝を抜かれて食べられました。村の人たちが死にだえたあとは、一ばんおしまいに、年とったお父さんやお母さんまで手にかけました。息子が帰って

来たのは、両親《ふたおや》が亡《な》くなって、ちょうど七日目《なぬかめ》の日でした。

七日間も肝を食べないので、鬼娘《おにむすめ》はすっかりおなかをすかせておりました。そこへ兄さんが帰って来たものですから大よろこびです。

「お父さんやお母さんは、どこにいるの。」

息子は家の中に入って来ながら、そうたづねました。

「お父さんも、お母さんも、ついこのあいだ亡くなったのよ。わたし一人でこの先どうしようかと思っていたのに、いいとき兄さんが帰ってくれて、ほんとうにうれしいわ。」

ふりみだした髪《かみ》や長くのびた爪《つめ》——、もうどこから見ても当りまえの人間の姿《すがた》ではありません。両親がこの鬼娘の手にかかって死んだのは、わかりきったことです。

ぐずぐずしていては自分の命も危い——そう思ったので、息子はさりげないようすで申しました。

「ところで妹や、わたしはとてもおなかがすいたよ。前の野菜《やさい》ばたけに、まだにらがあるだろうか。」

「ええ、ありますとも、それを取って来て兄さんに、御飯《ごはん》を上げましょう。でもわたしのいない間に、どこかへ行ってしまうのじゃないの——。」

妹は疑《うたぐ》りぶかそうに、そう言ったかと思うと、

「いいことがあるわ、兄さんがどこへも行かないように、こうして置きましょう。」

と、言いながら、長い長い糸《いと》をもって来て、息子の体《からだ》に結《むす》ぶと、そのはじを自分の腰《こし》にまきつけました。そして糸をたぐりながら、籠《かご》を下《さ》げて、野菜《やさい》ばたけに出てゆきました。

逃《に》げるのは、いまのうちだ——息子は、腰の糸をほどいて柱に結びつけると、馬にまたがって一目散《いちもくさん》に駈《か》け出しました。

間もなく鬼娘は、にらを取ってもどって来ました。そして息子の逃げたのがわかると、

籠をほうり出したまま、

「ヒヒ兄さん、ホホ兄さん——」

と、呼《よ》び立てながら、死物《しにもの》ぐるいで馬のあとを追いかけました。

どんなに馬を駈けらしても、鬼娘の足にはかないません。いくらも走らないうちに、もう馬は追《お》いつかれそうになりました。

息子は道士からわたされた三つの瓶の中から、青い瓶を取り出すと、それを馬の上から後《うしろ》の方へ投げました。瓶が投げられると一しょに、そこら一めんが青いトゲでぎっしりになりました。そのトゲの海をかきわけ、かきわけ、それでも鬼娘は、

「おお痛いこと、ヒヒ兄さん——

どこへ行くの、ホホ兄さん——」

と、呼び立てながら、シャニムニ、馬のあとを追いかけました。

も少しで、馬のしっぽがまたつかまりそうになりました。馬の上から息子が、こんどは赤い瓶を後へ投げつけました。

そこらじゅう一めんが、まっ赤な火の海になりました。メラメラと燃《も》え上る火の中をくぐりながら、

「おお熱《あつ》いこと、ヒヒ兄さん

どこへ行くの、ホホ兄さん——」

と、鬼娘はどこまでも、どこまでも、追いかけて来ました。

いくらも走らないで、またまた馬のしっぽがつかまりそうになりました。三度目に息子は残《のこ》る一本の白い瓶を、鬼娘めがけて投げつけました。

そこら一めんが、大きな海になって鬼娘を呑《の》んでしまいました。体じゅうトゲに刺されおまけに体じゅう大やけどをした鬼娘は、こんども海の中を浮き沈みしながら、

「ヒヒ兄さん、ホホ兄さん
おお苦しい、どこへ行くの——」
と、しゅうねん深く呼び立てました。けれども、さすがの鬼娘も、こんどばかりは泳ぎつくことができません。とうとう、波に呑まれてそのまま姿が見えなくなりました。

☆

三つの瓶のおかげで危い命を助かった、お百姓さんの息子は、山奥の道士のところへ無事に帰り着きました。その日から道士のお弟子になって、不思議な術《じゅつ》を習いながら、一生を山で暮しました。

—おわり—

塩と砂糖

おいしい料理をつくるためには塩《しお》も砂糖も必要です。どちらも白いが、役目や働きが違います。一つは鹹《から》く、一つは甘い——この違った働きが、たがいに調和《ちょうわ》し、生かし合って、料理の味をつくり出すのです。

甘い塩では困るし、鹹《から》い砂糖も役に立ちません。塩は塩であることが貴《とうと》く、砂糖は砂糖であることに値打《ねうち》があります。

一つの繋り

地球の上にはたくさんの国があり、それぞれの民族は、異った言葉や風習《ふうしゅう》のもとに各自の生活を営《いとな》んでおります。けれども人類が担《にな》う共同の任務から全く切《き》り離《はな》された民族というものはありません。塩も砂糖も、料理をおいしくするという一つの目的で繋《つなが》るように、人間も、どこかに、必ず心の繋りを持っています。デンマークのアンデルセンが世界じゅうの子供に親《した》しまれるのも、ガンジーやリンカーンが世

界の偉人として尊敬されるのも、みな、この心の繋りがあればこそです。決して、言葉や習慣が同じだからではありません。

正しく知るために

アジアに隣あっている韓国と日本——この二つの国は二千年の昔から文化を分ちあった間柄《あいだがら》でした。言葉や文字や、宗教、芸術が、韓半島を通って日本へ流れ入ったことは誰もが知っています。そうした古い昔はさておき、現にこの日本には、六十万もの、韓民族が住んでいるのですが、調和し生かし合うかわりに、憎《にく》み合い、傷《きず》つけ合う場合が多いのは、まことに残念なことです。

「塩クン、きみは色が白いばかりで、少しも甘くないね。」——そういって砂糖が塩をケナします。

「なんだ、きみこそ鹹くないじゃないか。漬物が腐るだろ。」——そういって塩が

砂糖を、やりかえします。おたがいが相手をよく知らないからですが、この「知らない」ということ、あるいは「間違って知っている」ということのために、私たちは、どれだけ損をしているか知れません。

コリアン・ライブラリーの仕事

韓国の文化を日本の人々に、もっとよく知らせたい——、日本に住む同胞たちにも、もっと、ふるさとを知ってもらいたい——。その目的でコリアン・ライブラリーが生れました。会館を建てたり、会誌（ダイジェスト・コリア）を出したり、講演会や座談会を催《もよお》したり、ほかにも仕事はたくさんありますが、〈木槿《もくきん》文庫〉と〈木槿少年文庫〉が、その足がかりとなる最初の仕事です。小さなせせらぎが、やがて大河《たいが》となるように、一すくいの砂が集って防波堤《ぼうはてい》が築《きず》かれるように、私たちは、この小さな文庫に、気永な、大きな希望《のぞみ》をかけております。

▼ここにあるような韓国の民話を、もっとたくさん読みたい人のために、つぎの本を紹介しておきます。書店に注文するか、または、**コリアン・ライブラリー**に代金を添えて申込んでください。

☆**ネギをうえた人**（金素雲編　全図学校図書館推薦）　岩波少年文庫71　**定価一六〇円**

☆**ろばの耳の王さま**（金素雲編　講談社発行）　世界名作童話全集34　**定価一八〇円**

▼〈木槿少年文庫〉の**第1集**は「**綿**《わた》**の種**《たね》」です。じつさいにあつた話——、人の心を美しくする昔の逸話を十三篇だけあつめてあります。「三つの瓶」を読んだ方は、この「**綿の種**」も、ぜひ読んでください。

▼お父さんや兄さん方のためには、ほかに〈**木槿文庫**〉が出ています。（高校程度以上）

第1集・**端　宗　六　臣**（李朝史話）　第2集・**民族の日蔭と日向**（随想）

どちらも定価は**六八円**（送料共）です

▼〈木槿文庫〉や〈木槿少年文庫〉の代金を送るときは、**切手**（八円以上）または**現金**をそのまま封入してください。「現金かわせ」や書留便にしないでも、間違いなくとどきます。

▼本の間《あいだ》に挿《はさ》んである「**読者カード**」は、なるべく送り返してくださるよう希望します。（切手はいりません）一人でも多く読者をつくるために、みんなで力を合わせてください。

＜木槿少年文庫＞（小学四年以上の児童向）

★1　棉　の　種（逸話と伝記）
★2　三　つ　の　瓶（伝承民話—昔話）
☆3　三韓昔がたり（新羅・高句麗の吏上のエピソード）
☆4　百　済　の　笛（童謡ものがたり）
☆5　山人蔘と如来さま（伝説と民話）
☆6　少年歳時記（正月やお盆の遊び・季節のこよみ）

＜木槿文庫＞（高校以上、一般成人向）

★1　端　宗　六　臣（李朝史話）
★2　民族の日蔭と日向（随想、評筆）
☆3　民謡ものがたり（口伝民謡解説）
☆4　千　秋　太　后（高麗史話）
☆5　馬耳東風帖（韓文随筆の飜訳）
☆6　謎とことわざ（平易に述べた「謎」と俚諺の注解）

★は既刊—**定価各冊**（送料共）**六八円**—
（第一期　各六冊・第二期継続刊行）

昭和三十二年七月五日　印刷
昭和三十二年七月十日　発行

＜三つの瓶＞・定価六八円

著作者
発行者　金　素　雲

印刷人　鷲　谷　武　市
大阪市天王寺区東平野町六ノ二〇
寿精版印刷株式会社

発行所
コリアン・ライブラリー
大阪市南区河原町一、道風ビル
電話 ⑭ 六〇七一—四番

ページが抜けていたり、前後の順序が間違っていたりする製本がありましたら発行所へお送りください。すぐお取りかえいたします。

<木槿文庫><木槿少年文庫>

10,000部提供

木槿文庫

—1—

端宗六臣

金素雲

コリアン・ライブラリー発行

木槿文庫に添えて

日本観光株式会社社会長　**小涓義明**

いま、この日本には、私たちの同胞が六〇万も住んでいますが、中には〝ふるさと〟を知らない人たちもたくさんいます。遠い外国のことや、日本のことは知っていても、自分の祖国《おやぐに》を知らないというのはさびしいことです。そんな人たちに、この文庫を読んでもらいたいと思います。

私たちの祖先には、どんな人がいたか――、どんな生活や、どういう風習《ふうしう》があったか――、歴史はどんな険《けわ》しい旅《たび》をつづけたか――。この文庫を何冊か読んでゆくうちに、そうしたことが追々《おいおい》にわかってくるはずです。

また、日本の少年少女たちにも、地理の上では一ばん近い隣の国のことを、もっとよく知ってもらいたいものです。お互《たが》いが正《ただ》しく理解《りかい》しあうために、この本庫が一人でも多くの人に読まれることを望んでおります。

（木槿文庫・木槿少年文庫一万部提供）

木 槿 文 庫

－I－

端 宗 六 臣

金 素 雲

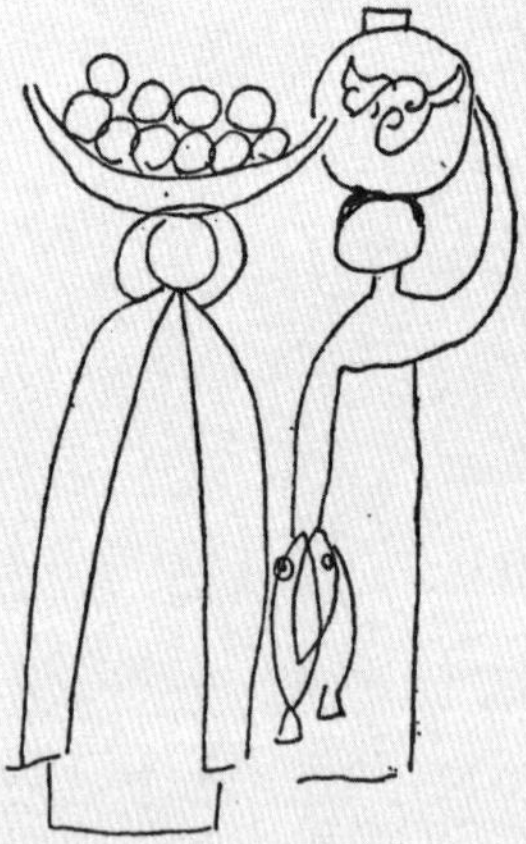

コリアン・ライブラリー

小序

戦前「朝鮮史譚」の名で二百余ページの本をつくつたが、これは好評を得て何度か版を重ねた。その中から李朝関係の短い話を五つだけ択んで木槿文庫の第一集とした。

いずれの国の歴史にも波瀾万丈のいきさつはあるが、わけても李朝の史話には血腥《なまぐさ》い物語が多い。夜空の暗いとき、星がもつとも美しいように、その暗い歴史の中から、さまざまな美しい文化が花咲いた。「端宗《たんそう》六臣」のような涙ぐましい犠牲も、歴史の夜空に燦《きら》めいた一つの星座と見なされる。

李朝は武力によつて高麗《こうらい》から政権を奪いとつた。そのクーデターが権力への憎悪を買つて、高麗の首都であつた開城（松都）の人たちは、五百年を経《へ》たつい最近まで、京城に向けては家を建てないといわれた。事大主義の半面には、横道《おうどう》と権柄《けんぺい》に屈しないこの民族の根強い気質も記憶されてよい。

五百年の歴史の足跡が、この小冊子を通じて、おぼろげながらでも理解されるとしたら、こんなありがたいことはない。

著者

目次

二つの杜門洞……六
端宗六臣……三五
柳の葉……五一
隣の柿……六六
刑場の志士……七三

史話

端宗六臣

二つの杜門洞《ともんどう》

新しい朝廷

高麗五百年が滅び、半島は李氏の天下となつた。

きのうまでは高麗の臣下として、王氏の朝廷に仕えた門下侍中李成桂《りせいけい》も、きようは半島に君臨した新しい号令者である。その昔、安辺の山中で、無学という僧から予言されたことがあつた。

「――いまにあなたは、きつと王になりますよ。」

その頃はまだ名もない一介の青年であつた李成桂、「よもや」と半ばは打消しながらも、心ひそかにその予言の実現される日を夢みていた。それが夢ならぬ真《まこと》となつて、いま現われたのである。得意や思うべし。

恭愍《きようびん》王の時は、宰相辛吨《しんとん》の勢力の前に影をひそめていた望み――。その望みは、やがて辛吨の死後、恭愍王薨じ、幼王禑《ぐう》が立てられて王となるに及び、おおいに頭《かしら》をもち上げて来た。そして、それから更に二代の間、根を張り、幹を伸して、ついに今日を齎したの

である。

身は万民の上にあり、一木一草に至るまで、半島の何一つ掌中のものならざるはない。この上は善政を布いて、人民たちの福利を図ろう。そして、自分が決して私利私慾から叛逆したのではないということを、人民たちに知つて貰おう。——これから先のそうした希望や抱負が、李太祖の喜びをいやが上にも大きなものにした。

その喜びはしかし、永くは続かなかつた。

——烈女二夫に見えず、忠臣は二君に仕えず——。これは、新羅の昔から千年に亘つて泌み込んだ訓《おしえ》である。儒教の道義の中でも、これほど重く、大きな掟はない。その掟がどんなに深い根を人々の心に下しているかについて、新王李太祖は、うかつにも思い到らなかつた。

太祖の身辺には、鄭道伝《ていどうでん》だの、趙浚《ちょうしゅん》だの、裴克廉《はいこくれん》だのという臣下たちがいた。この人たちは、いずれも太祖の密計に馳せ加わり、高麗という古い建物の取壊しに力を合わせた功臣たちである。その他の、高麗に仕えた目ぼしい臣下たちは、新しい王が位に即いても見向きもしないばかりか、使者をやつてわざわざ呼んでも、一人としてやつて来る者がない。

李穡《りしよう》や、吉再《きつさい》、元天錫《げんてんしやく》——、高麗の名儒と謳われ、あるいは賢相と敬われた人々を、李太祖は礼を厚くして招いたが、使者は無駄足をして帰つて来るばかり。それではと今度は、も少し下の人たちを誘つて見たが、これまた、そつぽを向いたままである。誰一人として招きに応じる者がない。

高麗の重臣として名声一世を蔽い、高い学識、人格によつて人々の崇敬を集めていた李穡——。この人は、かつて同じ高麗の臣下であつた頃、李太祖ともごく近しい交わりであつた。李太祖は、最初にこの人のところへ使を立てた。この男さえこちらへつけば、日頃その徳望を慕う多くの人が、新しい味方となつてくれるに違いない。

——太祖はそう考えた。

これはしかし、太祖が一人決めの胸算用に過ぎなかつた。

太祖に招かれると、李穡は、それでも宮中までは参内した。しかし、ちよつと頭を下げただけで、王に対する礼を行わうとしなかつた。

太祖は、その無礼を敢て咎めなかつた。かえつて玉座を降り、手を取らんばかりにして、この名儒を迎えた。

やがて席が定まり、座に着いた上で、太祖

は再び玉座へ戻つた。

すると、一旦坐つた李穡は、むつくり起上つた。そして、太祖に冷やかな眼《まなこ》を送りながら、

「この老夫には席がありませぬ。」

と、言い放つた。

（昔の同僚としてなら話もしよう。臣下の礼をとれというなら御免蒙る。）

李穡の面上には、そうした気持が歴々《ありあり》と読みとられた。

太祖は、ど胸を突かれた。顔から一時に血の退く思いがした。けれども怺えた。

そして、自分の乏しい力を補うために、ぜひとも、この新しい政治に参加してくれるよう、言葉おだやかに頼み入つた。

李穡は立つたままで、にべもなく返した。

「亡国の老夫には、田舎へ帰つて畑でも打つのが分相応、折角のお志ながら、ま、返上しましよう。」

そういうと、勝手に宮室を出て帰つてしまつた。

これは後の話であるが、李穡はその足で都を離れ、四年の間、山や野をさまよつた挙句、太祖の五年夏、驪《れい》州の江で、亡国の恨を抱いたまま命を終えた。

つぎに、太祖は吉再を招いた。

曽て、高麗に仕えて、門下注書の重職にあつた吉再は、太祖が昌《しやう》王を廃して恭譲王を立てたとき、意見の相違から一切の役目を辞して田舎へ帰り、老いた母を養いながら、隠遁の日を送つている。

その吉再も、太祖の懇な招きを受けつけなかつた。ずつと後になつて、太祖の王子が官府に命じ、無理やり吉再を都へ上らせた時も、吉再は王宮の閾《しきい》をまたがず、授けられた博士を押しかえし、

「もはや、何の望みもありませぬ。この上は、老いた母を省みながら、山里で余生を送りたき所存、なにとぞ平にお許し下さい。」

と、そういう意味の書面を奉つて、再び田舎へ帰つてしまつた。

こんどは趙胤《ちよういん》が呼ばれた。

趙胤は太祖を助けた功臣の一人、趙浚《ちようしゆん》の弟であつた。まだ革命の前、弟の胤は、兄に叛意のあるのを知つて泣いて諫めたが、兄は聞き容れなかつた。愈々李太祖が推戴されて王となつたとき、兄の浚は、弟の将来を案じて、功名帳に自分と並べて胤の名を書き止めておいた。そのために胤は「戸曹典書」の位を授けられたが、もとより趙胤がこれを諾《うべな》う筈はない。いままでの「胤」という名を「犬」と改め、字《あざな》を「従犬《じゆうけん》」と名乗つて、頭流山の奥

深くへ隠れてしまつた。

――国を失つて尚死ねないのは、犬とかわらない。

――昔の主人を忘れられぬのが、犬と同じい。

そういう意味から「犬」と名を変えたのである。そして、頭流山から清溪山へ、山伝いにさまよいながら、峰の上に立つて遥かに都を望み見ては、声を放つて慟哭《どうこく》した。それで土地の人は、この峰を「望京峰」と呼んだ。

後で、太祖はその忠節を憐み、自ら足を運んで山の小屋を訪ねたが、趙胤――いまの趙犬は、太祖の姿を見ても礼一つするでなく、口をきくさえ汚らわしいと言わんばかりの態度を見せた。それでも太祖は悉くゆるし、「どうしても山を降りたくないなら、好きなようにここに住め」とて、山の上に立派な石室を建ててやつた。

趙胤はその親切をうるさがつて、今度は楊州の山奥へ姿を隠した。

学者として名高い元天錫《げんてんしやく》も、やはり太祖の招きを退けた一人であつた。天錫には自分の手で著わした高麗末年の野史があつたが、四代後の子孫が、後難を惧れて火にくべてしまつたといわれる。

金自粋《きんじすい》は、もともと太祖とも親しい間柄で

あつたが、五度六度呼ばれてもついに参内せず、太宗のとき、「刑曹判書」（法相）の位を授けて無理にも召出そうとしたら、その日のうちに、先祖を祀つた家廟に別れを告げて秋嶺に遁れ、自分から毒盃を仰いで自殺してしまつた。

他にもお召を受けた者は沢山あつた。金震《きんしん》陽《よう》、徐甄《じょけん》、李崇仁《りそうじん》、李集《りしゅう》、尹忠輔《いんちゅうほ》——名あり、識見ある者は、誰彼ということなく、みな一度は招かれたが、ついに一人として姿を見せた者がなかつた。これらの人々は、新しい支配者から身を避けて、いずれも行方を隠していた。

それなら、人民たちはどうであつたか。

新しい朝廷の臣下たちが、賑々しく行列をつらねて通るとき、それを迎える人民たちの面上には、明かな嘲りの色があつた。

「御勝手に、せいぜいお楽しみなされ。」

そういう態度である。どの顔にも、尊敬や感動の色が見えない。

王様のお成りと聞いても同じこと、喜び迎えるはおろか、人々は戸を閉ざして家の中に隠れ、人気《ひとけ》のない城下町を、寒々とした行列だけが通り過ぎて行く。

曽て高麗王朝の頃、王様のお通りがあると聞くと、老幼男女は潮のように都大路に堵列

して、歓呼の声を轟かせながら王駕を迎えた。わけても禑王などは、年の幼いだけに、よく一人で馬にまたがつては宮室を抜け出た。その少年王の馬上の姿を宮門の外に見かけると、人民たちは、歓喜して馬の側に駈け寄り、幼い王を取巻いて、口々に高麗の弥栄を寿《ことほ》いだ。王と人民は、まこと血を分けた親であり、子であつた。その同じ人民の、昨日に変るよそよそしさ――。

その頃、将軍李成桂の名は、どんなにか高麗の人々によつて、信頼され、尊敬されたことであろう。その信頼と尊敬は、王となつた今日、跡かたもなく掻消されてしまつたではないか。

「人民のない王がどこにあろう。自分の得たものは、王という空名だけではないのだろうか。――」

恭愍王からはじまつて、禑、昌、恭譲と、三代の王に仕えた李太祖にとつて、それは淋しさというよりも、心に疼く懊悩であつた。

科挙

五百年のその昔、高麗の太祖王建は、何十万という群集の歓呼に迎えられて王位に即いた。その新しい勢の前に、新羅は一千年の王業を自ら献げて惜しまなかつた。新羅の王は

もとより、臣下から人民の末に至るまで、一人として高麗に不服がましい態度を見せた者はない。

一千年の新羅でさえそうであつた。

僅か五百年の高麗が、なぜこうまで、新しい支配者を毛嫌いしなければならないのか。——そのことについて太祖は、あれこれと思い巡らした。

そして、ついに一つの答を得た。

高麗の太祖王建は、徳の人であつた。千年の王業を進んで差出させるだけの、大きな徳化力がその人にはあつた。

徳化——。そうだ、自分もそれを学ぼう。王となつた今日、威力を用いて屈服させる事はいとやすいが、それでは本当に、人民の心を捉えたことにはならぬ。自分はもともと武人の出である。そのために、とかく徳性に乏しい。それを補つてくれるよい相談相手はいないものだろうか。自分になり代つて、閉ざされた人民たちの頑《かたくな》な心を、導いてくれる人物はないだろうか——。

そのとき、第一番に太祖の胸に泛んだのは、曽ての予言者、無学大師であつた。

（三十年も前に、自分の王となることを言いあてた老師、——あの老師のほかに適任者はない。）

そう思い立つと、太祖は早速、京畿・黄海平安の三道の司《つかさ》に旨をふくめて、無学大師を探し出すように命じた。

(幸い存命であってくれればよいが——。)

心で念じながら、太祖は司の復命を、いまかいまかと待ちつづけた。

大師の行方はなかなか知れなかった。

太祖を位に立てた功臣の中でも、随一の智慧者は鄭道伝であった。その鄭道伝がある日、憂いにしずんだ太祖の面ざしを見上げながら、こういう進言をした。

「一度科挙《かきよ》を催してみられては如何でございましょう。誰か旧臣の中から出て来る者があれば、それをしおに、考への変る者もあろうかと存ぜられますが——。」

科挙というのは、王室が催す人材登用の試験のことである。文武二つながら、この試験を通らずには身を立てることができない。科挙に及第するということは、立身出世を志す者にとって、ただ一つの理想であり念願であった。何年目かに一度、王都でこの科挙が催されるたびに、国中から集る人で都はごったかえした。家屋敷や田畑を売って都へ上る者もあった。

そこに鄭道伝は目をつけた。

いままで、すでに科挙に通つた者も、新しい朝廷となつたからには、改めて科挙を受け直さねばならないことにする。古い資格は認めない。そうすれば、これから先のことを考へて、渋々ながら、きつと以前の旧臣の中からも誰か出て来るに違いない。一人でも出て来る者があれば、これまで、行きがかりや体面のために、新しい朝廷に仕えることを潔しとしなかつた者も、それに力を得て後から出て来るようになる。そうなればしめたもの、おいおいに新しい朝廷の人気も出て来るに相違ない。――鄭道伝はそう考えた。

(そう易々と、もくろみ通りに行くだろうか。)

太祖もはじめは危ぶんで、簡単には同意を与えなかつた。けれども、智慧者の鄭道伝がいい出したことである。ことによると、うまく行くかも知れない。――そう考えて、ついにその進言を受容れることにした。よもやそれが、前代未聞の大きな悲劇の原因をつくろうとは、太祖自身も思い及ばなかつた。

やがて、全国へ朝廷の布令《ふれ》が廻された。

一、某月某日、王都において科挙を催す。文科と、武科である。

一、初めて仕官する者はもとよりであるが、以前

すでに科挙に通つた者も、この度は新しく試験を受け直さねばならない。さもないと、前朝(高麗)の地位や資格は一切認められないことになる。

一、新しい朝廷に対して過ちのある者でも、この度の科挙に参加した者に限り、過去の罪はすべて赦される。

一、この度は最初のことでもあり、特に前朝の旧臣の参加を認めるが、今後はどのような場合でも、前朝に仕へた者が新しく仕官することは許されない。

大体こんな意味の布令である。そうしておいて、蔭では民間に、こういう噂をまき散らした。

——「高麗に仕えた人で、今度の科挙に出て来なかつた者には、重いお咎めがあるそうな。」

その噂がすつかり拡まると、新しい朝廷の臣下たちは、心の中でほくそ笑んだ。

(これでよい。つまらぬ意地を張つていた連中が、どんな顔をして科挙に乗り込んで来るか。)

だが、その期待とは反対に、都中はひつそり静まりかえつて、科挙の日取が間近に迫つても、何の手答えもない。内心、こんな筈ではないと狼狽えながら、鄭道伝以下の臣下た

ちも、太祖の前では、

「どこへ参りましても、科挙の評判で持切りでございます。」

などと、一時しのぎの苦しい嘘をつかねばならなかつた。

いよいよ文科の試験という日——、
太祖は、科挙の行われる敬徳宮へ、重臣たちを率いて臨幸した。昔なら時刻を待ち兼ねて、夜の明けそめる頃から、人の波が押寄せたものである。ところが、その日は、どこに科挙があるかというけはいもない。定刻をずっと過ぎるまで時間を延して待つたが、集つたのは田舎から出て来た僅か七八人の、数えるにも足りない人数——、前朝の旧臣などは、ただの一人も見あたらない。

もしや、という一縷の望みも、これで切れた。こうまで自分は疎《うと》まれていたのかと、今更のように太祖は、やりどころのない佗しさをかこつた。すると臣下たちが恐縮しながら、慰め顔で言上した。

「明日は武科の試験でございます。文人などという輩《やから》とは違います。明日の武科には、きつと以前にも勝る賑わいが見られましよう。」

そんな一時の気休めに、太祖は、しかし、耳を藉さなかつた。味気ない思いで遠くの山へ眼をやつた。すると、その時、不思議な光

景が太祖の眼《まなこ》に映つた。

ぞろぞろと、蟻のように列をなして、敬徳宮から真向いに見える峠路を、何十人となく人が登つてゆく。遠目で見ても、それは商人や百姓たちではない。といつて冠を着けてないところから見ると、身分ある者たちとも受取れない。

太祖は、不審のあまり臣下をやつて、その行列の正体を突きとめて来るように命じた。使者が帰つて来ての復命によると、それは高麗の朝廷に仕えていた文臣たちであつた。総勢七十二人――。

冠を棄て、蘆で編んだ笠を着けて、背中には草蓆《ござ》を背負つていた。申し合せたように、みな同じ身なりである。

七十二人の旧臣たちは、黙々として語らない。峠の頂上まで来ると、期せずして足をとめ、なつかしい昔の都を振り返つた。

誰の瞳にも無量の感慨がこもつていた。生きて甲斐ない身を自分から棄て去ろうとする人々であつた。やがて一行は力なく起上り、うなだれた足どりで、峠を越えた。――

太祖は、使の者からその様子をくわしく聞き取ると、淋しげに座を起つて宮中へ還御した。その日の科挙には、申訳ばかりに、田舎学者二三名が及第した。

一夜明けて、次の日は武科の試験である。「明日こそは」と、臣下たちが請合つたにもかかわらず、何もかもが、そつくり昨日と同じであつた。集つたのは田舎武士十四五名——。その上、峠を越えて落延びてゆく武臣の一行まで、まるで昨日の繰返しである。但し、今日の一行は四十八名、昨日の文臣たちが越えて行つたとは反対の方角へ、列をつくつて消え去つた。

些々たる節度などには目もくれぬ武臣たち——。その武臣でさえが、ただの一人新しい朝廷になびこうとしなかつた。そして、ついには祖先の墳墓も、妻子の恩愛も振り棄てて自分から世棄人の道を辿つたではないか。

智慧者の鄭道伝が考え出した妙案は、かえつて新しい朝廷の威信を落すのに役立つただけ——。科挙が終ると、いままでよりも一層大きな侘しさが宮廷を包んだ。

王氏一族

けれども、ただ手を拱いて、溜息ばかりはついていなかつた。新しい制度や掟をどしどし出して、少しでも人民たちの心を導こうと骨折った。

第一に、建物の向を変えさせた。つまらぬことのようであるが、これはなかなか妙を得

た着眼であつた。新しい朝廷に対して、背中を向けようとする人民たちに、形の上でなりとも、いや応なしに王室とまともに向い合うように仕向けた。

その上、建物に一定の高さを制限して、一目で、平民か士族かを区別できるようにした。治める者と、それに従う者とのけじめを、いやが上にも明らかにさせようとの下心からであつた。

つぎに、高麗の末に来て弛みかけたいろいろな制度や掟を、一層厳しいものにした。そのために、役人の権限が大いに高められて、心からは服従しないまでも、先ず威厳を以て従わせることができた。

かたわら、今まで永い間、高麗の人々に信奉されていた仏教を圧迫して、その代り、儒教を奨励する政策をとつた。これにもいろいろな訳合があつた。その一つには、高麗の旧臣たちが概して儒教の流れを汲んでいたから、それ等の人々の好感を誘おうという思惑もあつた。

その他にも、新しい制度や法令はつぎつぎと行われた。しかし、そんなことよりも、先ず一番に朝廷の頭を悩ましたのは、王氏一族の処置をどうするかという問題であつた。

王建以来五百年、国中には王姓を名乗る者

が随分沢山いた。中には高麗の朝廷から姓を賜わつた者も尠からずあつたが、それ等の人たちには再びもとの姓に帰るよう命令した。けれども、もともと王氏の血をひく一族の人たちをどうするか――。中には、新しい李氏の朝廷に対して、叛意を抱く者もあるに違いない。新しい朝廷とは言つても、人民の誰一人、心からそれに従う者がない。謂わばまだ根が下りていないのである。こんな時、叛旗をひるがえす者があれば、どんな結果になるかわかつたものではない。悪くすると、三日天下の嗤いを残して、後《ご》百済《くだら》王弓裔《きうえい》の二の舞を繰返えさぬものでもない。これは棄てておけぬと、よりより宮中では相談が取交わされた。

その挙句が、つぎのような布告となつて現われた。

――一度朝廷が変れば、前の君主の一族は、鏖《みなごろし》にして根を枯らすのが、古今の通例である。王氏一族も、当然この同じ運命に置かるべきであるが、王様の広大無辺な御慈悲によつて、お前たちは生命を全うするばかりか、末々までも御民の一人として、栄えることができるようになつた。但し、このままで済ませては天下の法を軽んじたことになる。よつて、王姓の一族を近くの島へ流配するが、これとても一時のこと

である。遠からずお前たちは召し還され、白日の下、誰憚からず生業を楽しむことができるであろう。前代未聞の御仁慈である。正に感泣して、御恩徳を謝せねばならぬ。

流配の船は某月某日、某地の海岸を出帆する。それまでに、王姓を名乗る者は一人残らず海岸へ集れ。老幼男女を問わず一人でも時刻に後れたり、小慧しく逃れようと企てたりする者があれば、その時こそ、王命を蔑《ないがしろ》にする不届者として、厳罰が下されることを覚悟せよ。

後日、王姓の者が発見されれば、その場を去らせず死罪にする。寛大な御処分をくれぐれも誤るな。

一度《ひとたび》この布令が伝わると、王氏一族は雀躍《こおどり》して喜んだ。今日の今日まで、どんな運命が訪れるかと、びくびくしながら日を送つていた。晩《おそ》かれ早かれ、命は無いものと、半ば諦めていた人たちが、流配だけで済むと知つて、どんな思いがしたか。それもただ一時のことだという。やがて、大手を振つて栄えて行けるという——。なんという有難い思召しであろうかと、その感激は、布令で念を押されるまでもなく、一人残らず王氏一族が船出に間に合うよう海辺に集まつたことで証明された。

流配の船とはいつても、それは無い命を助

けられる極楽船である。僅かの間辛棒さえすれば、もう後は何一つ恐れることもない—。そう思うと、人々の面《おもて》には、自《おのずか》ら喜びの色さへ湛えられた。さながら楽しい旅路にでも就く人のように——。

その、王氏一族を乗せた何十艘という船は、時刻が来て、やがて纜《ともづな》を解いた。船は間もなく岸辺を離れ、いつか陸からは見えないほど、沖へ遠く漕ぎ出された。

船底には、前もつて大穴が明けられてあつた。栓を抜きさえすれば、水が入るように用意ができていた。船役人たちは海の真中へ出ると、その栓を抜きとつて自分たちは海へ跳び込んだ。その日の船役人たちは、いずれも水練の達者ばかりが択ばれていた。

王氏一族を乗せた数十艘の船は、見る見る水浸しになつて、海底へ沈められた。泳いで助かろうとした者もあつたが、島という島には役人が見張つていて、一人も泳ぎ着くことはできなかつた。

王氏一族はこうして全滅した。ただ一人の例外を残して——。それは恭譲王（高麗最後の王）の弟にあたる禑という人である。この人の娘は、太祖の七番目の子に嫁いでいた。その縁故から、王氏の中ではただ一人、この人だけが水葬の憂目から除かれたのである。

正史の上では、この経緯が、次のように述べられている。

——王氏一族を乗せた船は、江華（京畿）と、巨済《きよさい》（慶南）の二つの島へ着けられた。翌る年、太祖は、はじめの約束通り、この人たちの陸へ帰ることを許し、その中の立派な人物は、朝廷に用いようとまで考えた。ところが、たまたま謀反を図つた者があり、それが王氏と関係していたため、恭譲王は江原道の三渉《さんちよく》に移され、一旦お赦しの出た王氏たちも、またまた島へ引き戻された。

時に、朝廷では刑法を司る大臣たちが騒ぎ立て、禍の根を今のうちに刈り取りましようと太祖に迫つて、ついに太祖を承知させた。そこで三渉へ人をやつて、恭譲王と二人の王子の命を奪い、島にいる王氏たちをおびき出して、残らず海へ沈めてしまつた。——

この李朝史の述べるところと、民間に伝わる野史の間にはかなりの隔てがある。果してどちらが正しいか——。どちらにせよ、王氏の全滅したことに変りはない。太祖の歴史は、太祖の臣下によつて作られたものである事も、考へ合わされねばなるまい。

このでき事があつてから、人民たちの新しい朝廷に対する態度は、今までよりも一層冷淡になつた。

「こ奴、御寛大な処分で海へ沈めてくれようかい。」

民間では、こんな冗談が流行した。

「ふん、いかさま寛大な御面相だわい。」

役人の姿を見かけると、聞こえよがしに、こうもいつた。

こうした皮肉や冗談の端にも、人民たちの憤りはこもつていた。

（鏖《みなごろし》なら鏖らしく、なぜ正々堂々とやらないのだ。御仁慈の、御寛大のと、百万だら恩に着せておいて、することが、まるで騙りも同然じやないか。）

口にこそ出さないが、そうした腹立たしさと、嘲りが、誰の胸にも燻つていた。

高麗旧臣の最期

高麗の旧臣たち――、科挙の日に、都を落ちのびた文臣七十二名、武臣四十八名は、その後どうなつたか。

五百年の古い都、想い出多い恩愛の地に背いて、自ら世棄人となつたこれらの遺臣たちは、万寿山の麓と、宝鳳山の山奥に、それぞれ部落をつくつて侘住いの巣とした。世の中との一切の関わりを絶ち、門を閉して出なかつたので、世間の人たちは、この二つの部落《たむろ》を、同じ「杜門洞《ともんどう》」の名で呼んだ。文臣の屯

した万寿山の方が西杜門洞、武臣のかくれた宝鳳山が東杜門洞——。

そして、いつかこの人たちのことは、忘れるともなく忘られていつた。世間からも、太祖の苦い記憶からも——。

ところが図らずも、新しい王の忘れられた記憶を、再び掻き立てるようなでき事が持上つた。

高麗最後の王、恭譲の末年に、賀節使として明《みん》にやられた金湖《きんちゆう》という使臣——、この人は、遠い明の国にあつて、自分の役目を果すのに余念がなかつた。やがて、無事に使命を終えて帰途についたが、その間に、侍中李成桂によつて高麗が滅び、新しい朝廷が入り代つたことを、まるで知らずにいた。

鴨緑江を渡ろうというとき、はじめてそれを知つた。

——「高麗の王室が滅びた。」

——「李成桂が天下を取つて、新しい王となつた。」

夢ではないかと疑つたが、生々しい事実は打消すよしもなかつた。鴨緑江の岸に打伏して、金湖は声の涸れるまで慟哭した。

そして、自分の着ていた朝服（官服）と、履物を脱ぎ、それに一通の手紙を添えて、はるばる都の吾家へ送り届けた。

「自分の帰るべき国は、もうどこにもない。生きて再びは故国の土を踏まぬ決心である。十二月二十二日のこの日を命日に、自分の葬いを出してくれ。朝服と履物を吾が骸《なきがち》と思え。」

手紙にはそういう意味が書かれてあつた。ほど経て、このことは太祖の耳へも入つた。金澍のとつたこの行動に、太祖の怒は激発された。

(それほどまでに、この自分に仕えるのは厭なのか。)

その、譬えようもない憤りが、いつか科挙の日に、峠を越えて消え去つた旧臣たちを想い出させた。

「連れ戻せ。無理にも連れ戻して、この新しい朝廷に仕えさせるのだ。」

太祖は臣下たちに厳命した。

太祖の旨を承けて、使者が立つたが、西東二つながら杜門洞の旧臣たちは、てこでも動こうとしなかつた。一度、二度、三度——、なだめすかし、道理を説き、さては威しても見たが、旧臣たちの一度鎖を閉ざした心は、金輪際開こうとしない。使者の訪れる度合が重なると、ついには鞭を手にして追い払いながら、

「これから商人になるのだ。いらぬせつかい

は二度としてくれるな。」

と、喚き散らす始末である。

太祖は、無駄足をした使者の口からそれを聞くと、髪の毛を逆立てて怒つた。

「よい、それなら火を放つて燻《いぶ》し出せ。如何な、しぶとい奴ばらでも、煙には勝てまい。」

太祖の命令によつて、二つの杜門洞には、薪木が山と運ばれた。それを部落のまわりにぐるりと積み上げたが、そのけはいを知つても、旧臣たちはさらに動じなかつた。

やがて火が付けられた。薪木で囲んだ一方には小さな出口が開けられてあつた。

めらめらと燃え上る炎は、瞬く間に部落を包んだ。万寿山と宝鳳山に、時ならぬ火の柱が立つた。

役人たちは出口を取り囲んだ。

（逃げ出して来たら、その時こそ思いきり揶揄つてやろう。王命よりも、火が熱いかと——。）

腹でそう考えながら、今か今かと待ちかまえた。

炎は部落をなめつくして、藁一本余さず灰にした。けれども、出て来た者は一人もなかつた。

二つの杜門洞の百二十人の旧臣たちは、声一つ立てず生きながらに焼かれた。一人一人

が端坐したまま、姿勢さへ崩した者がなかつた。

久々に胸の鬱憤が晴らせると、待ち設けていた太祖の前に、ほどなくこの知らせが齎された。

流石に、太祖は顔色を変えた。

「ても、恐ろしい奴ばらじや。」

そういつて、カラカラと打笑おうとしたが、その笑いは凍りついて、響を立てなかつた。

太祖は、史官を呼んで、「この日のでき事を記録にとどめるな」と命じた。世間にも固く口どめをした。洩らす者は直ちに死罪に行えと、司たちへも厳命した。

諺にも「世間の口に戸は立てられぬ」という。太祖の厳命にも拘らず、先ず最初に二人の役人の口から、このことが洩れた。

役人二人は、即日首を刎ねられた。

民間からも、うかつに口を滑らせたばかりに、命を落す者が十数人も出た。

開城から京城へ

その頃になつて、漸く無学大師が現われた。黄海道の高達山に隠れていたこの老僧が、司に探し出されて都入りをしたのである。

太祖は礼を厚くして無学大師を迎えた。そ

して、この頑な人民たちを、どう導くべきかについて、大師の教えを乞うた。

大師は王の心を見抜いていた。その満たされぬ寂しさ、いらだたしさを、誰よりもよく理解していた。三十年ぶりで相対した老僧を前にして、王も心の悩みを総て吐き出した。

大師は恭々しく臣礼をつくしながらも、幼児をさとすように諄々と道を説いた。ことに、王氏一族に対する太祖の処置と、杜門洞の旧臣たちのことでは、流石の王も面を赧めるほど、鋭くきめつけた。

「そんなことでどうなされます。それではとてもとても、王の器になられるなど思いも及びませぬ。」

王にとっては、痛い一言であつた。叱られた子供のように、暫らくは黙していたが、やがて王は面を挙げた。

「過ぎたことは兎も角として、これからは、どうしたらよいであろうか。」

大師が言下に答えた。

「都をお移しになることです。いかに徳をもつて導くとは申しましても、この古い都に、そのままおとどまりになられては甲斐がありません。土地を代えて、新しい都をお開きになることです。万事はその上で、ゆるゆるお計いになられても、遅くはありません。」

このことは、予て王も考えないことではなかつた。大師からこう説かれると、なるほどと、その場で決心がついた。

いままでは、人民たちの思惑や上国である明への気兼などから、国号もそのまま「高麗」と呼んでいた。宮室も、曽ては臣下として腰をかがめて出入りしていたその同じ堂宇である。古い国号、古い都、古い宮室——、その中に、朝廷だけが新しく入り代つている。これでは人民たちの心が解けない筈である。

（何もかも新しくしよう。新しい政治は新しい礎の上に打建てられねばならぬ。）

無学大師の進言から、王の立ち迷つていた心は、はつきり方向を摑んだ。

折よく、明に請うていた国号が決つて、使者に立つた韓尚質という者が帰つて来た。「和寧」「朝鮮」の二つのうち、どちらがよいかとたずねたのに対し、明の太祖は、古い昔のゆかりもあることゆえ、「朝鮮」がよかろうと返事をした。

そこで国号は「朝鮮」と決つた。これは、ただ国号の問題だけでなく、明が、新しく入り代つた李氏の朝廷を、公けに認めた意味にもとれる。都を移すことに決心がついた矢先、このこと一つだけでも、大いに太祖は元

気ずけられた。

早速臣下たちをやつて、新しい都となるべき、手頃な土地を物色させた。なかなかよい土地が見当らなかつたが、ついに南の方の鶏竜山《けいりゆうざん》と、京城（そのころの漢陽府）が、有力な候補地に挙げられた。

鶏竜山へは、太祖自ら足を運んで下検分をした。ここならよかろうということになつて、大がかりな工事が始つたが、河崙《かろん》という臣下の横槍で、とうとう鶏竜山の方は取止めとなつた。そして二度目に決つたのが、いまの京城である。

京城は、高麗の昔から「南京《なんきよう》」という名で呼ばれ、あとで「漢陽府」と改められたが、李太祖が都を移したとき、三たび「漢城」と直された。太祖は、都を移すに先立つて「新都宮闕造成都監」という役所を置き、白岳の麓に先ず景福宮を建てさせた。太祖の三年十月、愈々五百年の旧都開城を棄てて、王は百官とともに新しい都へ移つたが、一年余りして、今度は城壁の工事にとりかかり、十万人の壮丁を使つて、五年九月、四里に亘る城壁ができ上つた。

その後二代目の王のとき、五年ばかりもとの開城へ戻つたことはあつたが、二度目に京城へ帰つてからは最後までここへ踏みとどま

り、李朝五百年の間、都を他へ移したことは一度もなかつた。

新しい都へ移つても太祖には面白くないことばかりが続いた。城壁ができ上つたわずか二年後に、王子たちの争いから、太祖は二番目の子芳果《ほうか》（定宗）に位を譲り、政治の実権から遠のいた。新しい歴史を創る程の華々しい手柄を立てながら、太祖には一日として心の和んだ日がなかつた。

端宗六臣

集賢殿

「六臣の墓」は京城の南、漢江の鉄橋を渡るすぐ手前の、鷺梁津《ろりようしん》という町にある。荒れるに任せて、いまは訪う人も稀であるが、五百年の苔古りた墓の下には、忠節にかおる端宗六臣の、強く美しい魂が眠つている。

李朝第六代の端宗《たんそう》王は、文宗《ぶんそう》王のお世嗣《よつぎ》として、まだ十二歳の幼いお年で位に即かれた。それで、皇甫仁《こおほじん》（領相）、南智《なんち》（左議政）、金宗瑞《きんそうずい》（右議政）などの臣下たちが、幼い王を守り立てながら国の政治をとり行つていた。また、集賢殿《しうけんでん》の成三問《せいさんもん》、朴彭年《ぼくほうねん》などという学士たちも、心を合せてこの幼い王をお護りした。

集賢殿というのは、端宗王にとつては祖父君にあたる第四代の世宗《せそう》王が興されたもので、国中のすぐれた学者二十人を集めて、王じきじきに学問に力をつくされる機関である。

集賢殿の学士に択ばれることは、学問で立つ者にとつては、この上もない大きな栄誉であ

つた。

世宗王は、歴代の王の中でも第一番に指を折るべき賢君であつた。在位三十二年の間、一日として人民のために心を砕かれぬ日はなかつた。政治や文化の上にも、数えきれぬほど、多くの功績を遺された。

洪水や旱災に備えた「救民の法」、人民の便益を主眼とした「官吏久任制度」、科挙(官試)以外に、埋もれた徳望ある人材を択ばしめるための「道薦法」などが、何れも世宗王によつて新たに制定された。

わけても王は、農業に心を用いられた。国中のよい百姓や、経験の多い農老《のうろう》たちから、いろいろと農作についての意見・工夫を聞きあつめて、それを「農事直説」という本に作り、全国にひろめて、百姓の手本となるようにした。

罪のある者、牢に入れられた者へも、王の仁慈は及ぼされた。

「獄を司る者は、どこまでも公平で、心が虚しくなくてはならない。死罪の者を裁くときは、先ず生かすことをはかれ。重罪の者へは少しでも軽くする途を考えよ。事情をよく見きわめ、偽りと真を察しわけて、その上で裁きを下しても片手落ちとなることがある。まして威力だけで法を行おうとするのは、わざ

わざ冤罪をつくるようなものだ。」

王はこう諭され、牢にいる罪人たちが、病気や寒さのために命を失うことのないよう、獄制にも一大改革を加えられた。

また、奴隷の生命を保護するために新しい法律が設けられ、「三覆法」といつて、死罪にする者を三度しらべなおす掟や、「笞刑《たいけい》」をなくすることや、七十歳以上、十五歳以下には罪を行わない制度など、小さいことに至るまで一々気を配られて、世の中を少しでも明るい、よいものとするために、骨を折られた。

集賢殿の学士たちを、王は賓客として遇された。お昼の食事は、王がじきじきに下されるしきたりで、時には珍しい果物に御製の詩を添えて賜わることもあつた。太子が八歳を迎えたとき、「入学の礼」を行われ、別に「読書堂」を設けて臣下の子たちと一緒に学問を励ましめた。御自分も政治のお暇には、お手から書物を放されなかつた。

学問に対する深いお心づかいは、沢山の良い本となつて現われた。「高麗史」百三十七巻をはじめ、「資治通鑑訓義」「治平要覧」「孝行録」「五礼儀」「竜飛御天歌」などは何れも王の御旨を受けて、臣下たちが著わした本である。この中の「竜飛御天歌」は、朝

鮮の仮名文字（諺文《おんもん》）を用いた最初の本で、この仮名文字を創るためには、一とおりならぬ王の御苦心が払われた。これは三十二年の御治績の中でも一番大きなお仕事であった。ちょうどその頃、明の国の大学者黄瓚《こうさん》が遼東へ流配されていたので、王は発音上の疑義を質すために、集賢殿の成三問に命じ、はるばる鴨緑江を渡って十三回も遼東へ往復させた。

天文や暦に対する御知識は特に深く、七年もかかってつくられた「北極測定器」や、「日時計」（日晷《にっき》）、「水時計」（漏刻）、「測雨器」など、この方面にも、めざましい功績を遺された。

世宗王はこんなにもよい王様であった。人民たちのために、後々の世のために、活きて役立つということなら、何でもお骨折を惜まれなかった。そして、このよい王様の下には、また、多くのよい臣下がいた。

集賢殿の学士たちは、王の数々の御事業に同じく携わり、いつも王の諮問を蒙っていたので、王の識見と仁徳には、とりわけ感激していた。

その頃まだ太子であったお世嗣の文宗王も、学問には殊のほか御熱心で、集賢殿の学士たちが宿直《とのい》をしている時など、よく御自分

で足を運ばれては、夜が更けるまで学問上の討論をつづけられた。いつお成りがあるかわからないので、夜も学士たちは衣冠をとることができなかつた。ある晩などは、ちようど宿直にあたつていた成三問が、子の刻（十二時）を過ぎたので、もうお出がないものと思い、衣をとろうとしたが、そこへ、戸の外に太子のお声がしたので、悼てて脱ぎかけた衣をまた着なおして太子をお迎えした。それほど、王室と臣下とは、睦じい親しさの中にあつた。

首陽大君

世宗王が三十二年で世を去られると、つづいて文宗王が立たれたが、わずか二年足らずでまた亡くなられ、そのあとを、十二歳の幼王端宗が臣下に護られて位に即いた。

端宗王には、七人の叔父君があつた。何れも世宗王の王子たちであるが、中でも一番上の首陽大君《しゅようたいくん》が勢力も強く、人物もしつかりしていた。

首陽大君は、予てから異心を抱いていた。それを知つていた韓明澮《かんめいかい》という者が、

「文人などという者は、いざというときの役に立ちません。なるべく武士と交わるようになさい。」

と、それとなく首陽大君に勧めた。その勧めによつて、首陽大君の邸には大勢の武人たちが出入するようになつた。

右大臣の位にある金宗瑞《きんそうずい》は、首陽大君にとつて一番目障りな人物であつた。

(宗瑞さえいなければ、天下は自分の思いどおりになるのだが――。)

ついに首陽大君は、或夜ただ一人の部下をつれて、宗瑞の住居を訪れた。

宗瑞は、王の叔父君が、じきじきに訪ねて来られたので、大急ぎで門のところへ出迎えた。それを首陽大君の部下は、鉄扇を打ちおろして、一撃のもとに殺してしまつた。

その後で、首陽大君は端宗王に見《まみ》え、「金宗瑞が北方の武将と密に組んで、謀叛を企みましたから、誅を下しました。形勢がさし迫つていたので、お許しをいただく暇がありませんでした。」

と、出まかせな奏上をした。その上首陽大君は、王命を藉りて、朝廷の重立つた臣下たちを残らず呼び入れた。

韓明澮は、前もつて首陽大君と打合せて、「生殺簿」というのを作り、入つて来る重臣たちの中から、これに名前のある者は、門のところで一人一人撃殺《げきさつ》した。

宰相の皇甫仁はじめ、趙克寛《ちようこくかん》、李穰《りじよう》など、

その他大勢のよい臣下たちが、この卑怯な穽にかかつて命を落した。

首陽大君は、自分から宰相の地位に立つて、その日から国の政治を一手に収めるようになつた。朝廷の重立つた役目はみな身近の部下たちで固め、王には何一つ口出しをさせなかつた。そればかりか、宮室の奥深くへ閉じこめて、臣下たちと対面もできないようにした。成三問は首陽大君に願つて、「せめて月に二回ほどでもよいから、王が臣下たちの朝礼を受けられますように」と、頼んだが、容れられなかつた。

首陽大君の勢力は、日に日に熾んとなり、それに引きかえて、王の地位は愈々惨めさを加えた。こうして端宗王の三年を迎えた。

十四歳になられた端宗王は、ついに意を決して右大臣の韓確《かんかく》を召入れた。そして

「自分は幼いために国政に暗く、よい王となることができない。この上は大任を悉く領議政（首陽大君）に渡そうと思う。」

と、譲位の意中を洩らされた。

「領議政は、国内の大事を悉く一手に占めております。この上、どのような大任をお渡しになるのでございますか。」

韓確は驚いてそう申し上げたが、端宗王は決意を翻えされず、

「これは永い間考えたことである。いまさら思い返すことはできない。」

とて、首陽大君へ手ずから渡されるために、大宝（玉璽）を取出して来るよう命ぜられた。集賢殿の学士として、曽て世宗王より数々の恩寵を蒙つた成三問は、このとき礼房承旨（宮内官）の職にあつたが、王へ奉るために玉璽を取出して来る途中、慶会楼の池のそばで、その玉璽を抱きしめながら声をしのんで泣いた。一緒に居合わせた朴彭年《ぼくほうれん》は、生きて甲斐ないとて池へ身を投げようとしたが、成三問に止められて果さなかつた。

「なにごとも今は怺えよう。きつとそのうちに、よい時節が巡つてくる。」

成三問は同僚を慰めて、「いつかは自分たちの力で、再び端宗王を位にお迎えしよう」と、その場で固く誓い合つた。

別雲剣

端宗王が手ずから玉璽を渡されると、首陽大君は三譲の後、これをお受けした。こうして、その日から、首陽大君は第七代の世祖王となり、端宗は上王に立てられて、景福宮から昌徳宮へ移られた。

世祖王（首陽大君）は、もともと凡庸の器ではなかつたから、政治に当つても大いに手

腕を振い、人民の福利を図ることも忽にはしなかつた。しかし、どんなによい王であろうとも、志あるもとの臣下たちにとつては、まともにお敬いすることのできない謂わば仮の主人である。

端宗王をもとの位にお迎えするために、蔭では極秘のうちに計画が進められた。成三問や朴彭年たち六人が中心となり（はじめ七人）、他に縁故につながる何人かの同志たちが、これに加わつた。

成三問《せいさんもん》（集賢殿学士・礼房承旨）
朴彭年《ぼくほうねん》（同・刑曹参判）
河緯地《かいち》（同・礼曹参判）
柳誠源《りうせいげん》（同・司芸官）
金礩《きんせき》（同・司芸官）
俞応孚《ゆおうふ》（武人）
成勝《せいしょう》（三問の父・武人）
朴仲林《ぼくちゅうりん》（彭年の父）
権自慎《ごんじしん》（端宗王外戚の叔父）
尹鈐孫《いんちんそん》（自慎の妹婿）

以上が重立つた顔触である。これらの人たちが一つになつて万端の用意を整え、いざというよい折の到来を待つていた。すると翌年の六月、明から来た使者をもてなすために、世祖王は上王（端宗）と一緒に宮中で宴会を催すことになつた。成三問はじめ同志一同

は、この時をはずしてはと、すずかり手筈を決めて乗込んだが、思わぬ手違いから、とうとう事を挙げるに至らなかつた。

その手違いというのは、もともとこういう宴会のときには「別雲劔《べつうんけん》」といつて、二位以上の武人が二人、劔を帯びて王の左右に侍立する慣わしであつた。その役目を、同志のうちの成勝と、俞応孚が受持つことになつていたので、武器を持つた二人が先ず世祖王と太子を弑し、群臣が一つの場所に集つたところで、一挙に志を果そうという計画であつた。ところが何を感づいたか、韓明澮が横から口出しをして、場所が狭くて気候も蒸暑いという口実から「別雲劔」を入れさせず、また、太子もその席には列《つら》ならぬということになつた。こうした手違いにも拘らず、俞応孚は遮二無二、計画を進めようとしたが、成三問は目顔で押えて、「きようは日がわるい、またの折を待とう」と、とどめた。それで折角の機会を目の前にしながら、志を遂げることができなかつた。

(世祖一人を弑することができても、太子が洩れては藪蛇に終る惧れがある。朝廷は世祖の勢力で固められている。もし太子が、時を移さず兵を動かすようなことにでもなれば、多勢に無勢、どんな不利な結果を招かぬもの

でもない。それよりは日を延ばして、失敗のない途をとろう。)

これが成三問の考えであつた。ところが、この日の小さな手違いは、すべての企てを根こそぎ覆す結果となつた。同志の一人である金礩は、このつまずきから急に怖気づいて、密計の一部始終を残らず世祖王に洩してしまつたのである。

六臣の死

一人の裏切者のために、端宗の復位を謀つた一同の上に恐ろしい運命が訪れた。

「謀叛」——、罪の中でも、もつとも大きな罪がこれである。当人はもとより、九族の末に至るまで、男と名のついた者は一人として助かることはできない。その運命の裁きの庭で、これらの人々が取つた態度こそは、操の名に恥じぬ立派なものであつた。

「なにが不足で謀叛を企てたか。」

捕えられて、世祖王の前に曳き据えられたとき、王は真先にこう尋ねた。すると成三問がいつた。

「謀叛呼ばわりは止めて戴きましよう。自分の王を位にお戻ししようと図つたまでのこと、どうしてそれが謀叛なものですか。天下に臣となつて、その君を慕わぬ者がどこにあ

りましよう。御貴殿は大権を盗みとつても平気でしようが、この成三問には、臣下として自分の王が追われるのを黙つて見ていることができなかつたのです。」

「受禅（即位）のときは、なぜとどめなかつたか。」

「勢及ばず、進んでとどめられぬからは、寧ろ退いて一死あるべきを知つてはおりました。しかし今日まで永らえたのは、志を遂げようがためでした。」

「その方は臣といわず、王である自分に対して貴殿といつているが、現にこの朝廷の祿を食んでいるではないか。祿を食みながら陰謀を企むのは、謀叛ではないというのか。」

「上王がいらせられるのに、どうして御貴殿がこの私を臣下と呼べるでしよう。祿はいかにも受取りましたが、一粒の米にも手はつけていません。調べて見たらわかることです。」

あとで、三問の家を調べたとき、この言葉の偽りでないことが知れた。世祖王の即位の日から受けた祿は、全部一室に積み上げて、何年何月の分ということを一々書込んであつた。三問の居室には、僅かに夜具一揃があるばかりで、目ぼしい家財は殆んど粮料に換えられていた。

世祖王の前で、他の同志たちも同じような

訊問を受けたが、一人として屈した者はなかつた。

一とおり問答が済んだ上で、いよいよ拷問が加えられた。

腕を断たれ、脚を断たれたが、顔色さえ変えた者はなかつた。つぎに、焼けて赤くなつた鉄の串《くし》が太股に刺し通された。

「惨《むご》いことをなさる。」

三問はそういいながら、鉄の串が冷めると、いま一度焼き直して来いと、自分から指図した。

集賢殿の同僚申叔舟《しんしゆくしゅう》が、そのとき世祖王の側にいた。成三問は手足を断たれ、肉を焼かれる責苦の中から、申叔舟を見上げていつた。

「その昔、集賢殿の月の宵、お膝の上に元孫（端宗）を抱きまいらせて、英陵《えいりょう》（世宗）の仰せられたお言葉——、朕亡きあと、卿等この児を護れよと——。そのお言葉は今にこの耳から離れない。叔舟よ、そなた一人が忘れたとは、よもいえまい。」

三問のこの一言に、流石にその場に居たたまらず、叔舟は宮殿の奥へ姿をかくしてしまつた。

朴彭年も同じ責苦の中から、眉毛一つ動かさなかつた。「逆臣」という言葉を世祖王が

口にすると、彭年は「ついぞ一日、御貴殿の臣下であつたことはない」といい、「自分が朝廷へ差出した公文書を見るがよい」といつた。彭年は、世祖が位に即いたあとで、忠清道の観察使となつていたが、調べてみるとなるほど、そのときの文書には、何れも「何官何某」とあるだけで、「臣」という文字は一字も用いてなかつた。

武人の兪応孚は、

「一隻の劔を振つて、御貴殿のお命を戴くことができなかつたのは、返すがえすも残念である。事ここに至つては最早いうべき言葉はない。早く首を斬れ。」

といい、成三問や朴彭年を省みて、

「書生とは事を図るなというが、まことにその通り——、なぜあの時とどめなされた。」

と、志の果されなかつたのを口惜しがつた。

六月八日、成三問はじめ、李塏《りかい》、河緯地、兪応孚の同志たちは、軍器監の前に曳き出されて、車裂の極刑に処せられた。朴彭年、柳誠源の二人は、その前すでに牢死していた。

刑場へ運ばれる途中、六つになる三問の娘が泣きながら父の車に追いすがつた。

「男の子は残るまいが、そち一人は永らえよう。」

娘を振りかえりながら、三問はそういつて一首の詩を賦した。

撃鼓《げきこ》、人の命を促す
頭《かしら》をめぐらせば日は斜《ななめ》、
黄泉に一店なし
今宵いずれの家にか宿らん。

生六臣

端宗王は、六臣の処刑がすんだ後で、上王の位を削られ、江原道の寧越《ねいえつ》に移されたが、十月二十日、世祖王の差向けた毒薬の使者のために、痛わしい最後を遂げられた。端宗の復位を別な方面から企てた世祖王の四番目の弟、錦城大君《きんじょう》も、やはり事を挙げる前に露顕して、数十人の同志たちと一緒に命を棄てた。

三問の一族は、主謀者の一人である父の成勝をはじめ、三人の弟、四人の子、その他、遠い属戚に至るまで、男と名のつく者は一人残らず根絶しにされた。これは他の同志たちとても同じであつた。

六臣の潔《いさぎよ》い忠死は、国人の袖をしぼらせた。しかも王室への気兼から、誰一人葬いを営むこともできなかつたのを、慷慨の僧金時習《きんじしゅう》が、刑場へ行つて骨を拾いあつめ、鷺梁津へ葬つた。これがいまも残る六臣の墓であ

人を「生六臣」と呼んだ。

る。

その後は、ずつと世祖王の後孫が王系を継いだので、端宗の復位（王系の上の）も、六臣の追位も、永いこと実現されなかつたが、二百年も経つた第十九代、粛宗《しゆくそう》王の世になつて、はじめてこれが実現された。寧越の端宗最期の地や、六臣たちの郷里に、それぞれ「書院」が建てられ、朝廷の懇な供養が、それからは毎年営まれるようになつた。

端宗の廃位と一緒に山里へ身をかくして、二度と世に出なかつた八人の臣下がある。刑死した六人を「死六臣」というに対し、世間ではこの八人のうち、特に忠節の直かつた六

柳の葉

李校理は、喉が渇いていた。

（どこかで、水が一ぱい呑みたい。）

そうは思つても、昼日中、うかつに人家に立寄ることもできない。風の音、草のそよぎにも、気を配らねばならない今の身の上である。

都を落延びて十幾日――、笠は破れ、衣はほころび、体中垢にまみれて、見る影のない惨めな姿にはなつていても、いつどこで目ざとい追手に見破られるかわからない。用心に越したことはないが、それにしても、喉が渇いてならない。どこかで水を一ぱい貰わねば――。

夏の陽ざしは遠慮なく照りつける。白い土埃が道を埋めている。どこというあてどのある旅ではなし、どうにかここまでは遁れて来たが、さて、これから先どうしたものか、どこを目指したらよいか。――あれやこれやを思うにつけ、つい足が重くなる。

（どこぞ、小川でも流れていればよいが。）

さつきから怺えていた喉の渇きに、李校理は立止つて、あたりを見廻した。すると、ふ

と目に入つたのは、遠くの方に見える柳の木の下で、水を汲んでいる村娘の姿である。

(野井戸に違いない。そうだ、あそこで水を貰おう。)

李校理は急ぎ足になると、村道を横へ外れて、その柳のある方へ近ずいた。案の定、そこは思つたよりきれいな野井戸があつて、まわりに積んである石が、水苔で青くなつている。

「娘さん、旅の者ですが、水を一ぱい恵んで下さらんか。」

落ちぶれると言葉まで叮寧になる。李校理がそう頼むと、娘は気軽に返事をして汲み瓢《ひさご》になみなみ一ぱい水を汲み上げた。そして何思つたか、垂れ下つた柳の枝から葉を一握り扱《しご》くと、それを瓢に浮べて、

「さあ、どうぞ。」

と、さし出した。

水をくれるのに、柳の葉を浮べて出すのはどういうわけだろう——。それが気になつたが、なにしろ喉が渇き切つている。構わず水を呑み干したあとで、その瓢を返しながら、李校理は改めて娘の顔を見た。

年の頃十八九、取立てて美しいというのではないが、どことなく品のある顔立ちである。旅人に水をくれながら、わざわざ柳の葉

を浮べたのは、ただの意地悪や、いたずらとは思われない。

「ありがとう、おかげで渇きがなおりました。ところで娘さん、ひよんなことをたづねるが、さつき、あんたが瓢の上に柳の葉を浮べたのは、あれは何かのまじないですかね。」

李校理が、そういうと、娘は「いいえ」と首を振つた。

「まじないではない――、すると、どういうわけです。」

くどいと思つたが、如何にも不審なので、李校理は重ねて問いかけた。

娘は、ちよつとの間、返事を躊つていたが、

「別にわけというほどのことではありません。お見受けしますと大層お疲れになつている御様子、そんな時、急いで水をお呑みになると、よく当ることがあると申します。それで、つい余計なことをいたしました。柳の葉をお口で吹き吹き、ゆつくり召上れば、水に当ることもあるまいと思いましたから。」

そう答えた。

思いがけない返事である。こんな片田舎の年若い娘の口から、こういう言葉を聞こうとは誰が予期しよう。

「なるほど、そうでしたか。御親切に、よく

お気がつきなさつた。」

口で、礼をいいながら、李校理は考えた。

(どんな家の娘だろう。田舎暮しはしていても、いずれれつきとした、身分ある家柄の人に違いない。)

そう思うと、李校理は娘の素性が気になつた。そこで、

「お宅はどちらです。親御さんは何をしていらつしやるのです。」

と、また、たずねた。

娘は、恥かしそうに顔をあげて、村外れにある一軒の家を指さした。

「あれがわたくしの家でございます。わたくしの親は柳器匠《りゆうきしよう》(柳細工屋)を生業《なりわい》にしている賤しい者でございます。」

その頃は、柳器匠といえば、百姓や町人よりもう一つ下の、低い身分に扱われていた。柳器匠は、世間の人と附合いもできず、まして縁組などもできなかつた時代である。

柳器匠の娘と聞いて、李校理はいよいよ驚いた。身分があるどころか、低いうちでも一番の低い身分ではないか。そういう家柄から、こんな賢い、心の美しい娘の生れたことが、李校理には、なんとしても不思議に思われてならなかつた。

李校理は、さりげない様子で言つた。

「私は長い旅で疲れています。あんたのお宅へ、二三日休ませては貰えませんかね。」

大低の人なら、柳器匠と聞いただけで逃げ出すのが普通である。ところが、この旅人は休ませてくれという。娘は二つ返事で承知して、

「むさいところですが、およろしければ、どうぞ——。」

と、李校理を自分の家へ案内して行つた。

李校理は、名を長坤《ちょうこん》といつて、李朝の文臣の中でも聞こえた一人であつた。校理の職を拝していたから、世間では李校理が通り名になつていた。

その李校理が、名を愚極《ぐきょく》と改め、旅人に身をやつして都を落延びたには、一通りならぬいきさつがあつた。愚極とは「愚の骨頂」から持つて来た自嘲の名である。

第十代の燕山君は、李朝史の上で、ネロにもたとえられるような暴君であつた。父王の成宗が在位二十五年で薨じ、その跡目を嗣いで位に上つたが、即位の四年後には、早くも持前の残忍な性格を現わして、数十人という前代以来の名ある文臣がこの暴君の刃を衂らした。つづいて数年後に同じ暴虐が繰返されて、こんども前回に輪をかけた大量の犠牲者

が出た。この前後二回の大殺戮は、それぞれ「戊午の士禍」「甲子の士禍」と呼ばれて、高麗の武臣禍にも劣らぬ李朝の「士林禍」の魁《さきがけ》をつくつた。

血に狂つた暴君、奸佞の悪臣、四分五裂の党派――、これが入乱れ、縺れ合つて士禍の原因をつくり、結果を拡大した。幾多の無辜の生命が怨を呑んで死んだ。既に物故した前代の文臣で、墓を発かれ、棺を剖《さ》かれる者も数知れずあつた。

燕山君の生母尹妃《いんひ》は、前代の成宗王の時、故あつて宮室を追われ、間もなく死を賜わつた。燕山君はこの一事を深く怨み、即位の後で、当時尹妃廃死の論議に参与した文臣を、一人残らず根絶やしにかかつた。傍ら、一人の史官が直筆をふるつて或る堂上官の非を発いたことから、それを憎んだ堂上官が党派を糾合して大獄を起したのが始まりで、これまた文臣嫌いの燕山君を、いやが上にも焚きつけるよい言いがかりとなつた。

李校理も文臣の一人である以上、この血腥い渦巻から、免れることはできなかつた。その上李校理は、燕山君の淫虐のために最愛の妻まで死なせた。燕山君の身辺を取巻く佞臣たちが、僅かの褒賞欲しさに、

「李校理の妻は、たぐい稀なる美人でござい

まして——。」

などと、胡麻をすつたばかりに、前代未聞の「夫人入侍」が仰せ出され、「李校理の妻を召せ」との御諚が下りたのである。

如何に君王の御諚とは言いながら、なんとか遁れるすべもあつたろうものを、おめおめと妻を宮中へ差向けた自分の愚かさ、腑甲斐なさ——。宮中からの帰りに、駕輿《かご》の中で、妻はただ一突きに胸を突いて、士人の妻として恥しからぬ潔い最期を遂げた。その怨みを雪がぬうちは死んでも死にきれない自分である。奸臣ばらに天誅の刃が下り、天下の政道が再びもとの明るさを取戻すまでは、如何にしてでも生き永らえよう。——李校理は形ばかりの野辺送りを済ますと、当然降りかからずにはおかぬ筈の禍の手を逃れて都を落延びた。氏素性を隠し、野山に伏しながら辿り着いたのが、この全羅道宝城郡の片田舎である。

柳器匠の主《あるじ》夫婦は、娘に導かれて入つて来た見なれぬ男の姿を見て、はじめは合点のゆかぬ面持であつたが、訳を聞くと大喜びで迎え入れた。もとより身分も明さず、ただ、都の男が落ちぶれて身寄りもないままに、あてのない旅に出て来たのだと、そう思い込ませ

ていた。如何に落ちぶれたとはいえ、柳器匠にとつては、冠を着けた人は大名も同じである。主人夫婦は相好をくづしながら、

「よく来て下さつた。さあさ、およろしかつたら、いついつまでもごゆるりと、御逗留なすつて下さい。」

と、下へもおかぬ歓待ぶりである。

李校理は、もてなされるままに、その家に腰を落ちつけた。身分の賤しい柳器匠の家がかえつてこの上もないよい隠れ家となつた。李校理ともあろう者が、まさかそんな賤しい者の家に身を隠していようとは誰一人気づく筈がない。暫くいるうちに李校理には、娘の美しい心根が、いよいよわかつて来た。

身分違いのお客さんだと、気兼をしていた親たちも、心易くなるにつれて、しまいには、遠慮のない相談を持ちかけるようになつた。

「どうだね、あんた一つ、うちの婿どのになつてくださらんか。」

この突飛な相談を、李校理は二つ返事で快諾した。一ぱいの水が縁となつて、とうとう李校理は、柳器匠の婿になつた。

さて、始めのうちこそ世間なみの婿が迎えられたと喜んでいた柳器匠も、三月《みつき》半年と月日が経つうちにこの怠け者の婿に、すつかり

愛想《あいそ》を尽かした。仕事の手伝いは何一つできず、朝から晩まで仕事といえば、本を読むことと、昼寝をすることだけである。

「こんな役に立たない男とは知らなかつた。まるであれじや、飯を食わせるために婿にとつたようなものぢやないか。」

柳器匠の主は、しまいには腹を立てて、李校理の飯を半分に減らすように、娘にいいつけた。飯が半分に減つても一向にこたえない。馬鹿婿になりすまして、李校理はやつぱり毎日、本を読んだり、昼寝をしたりしながら日を送つた。

けれども、娘だけは別である。

（この人は、きつと偉い方にちがいない。）

そう信じ切つて、たとえ親たちが何といおうと、自分だけは真心から夫を大切にした。飯が半分に減つてからは、自分の食べものを残して、こつそり夫の部屋へ運び入れたりもした。

一年たち、二年たち、いつか李校理が柳器匠の婿になつてから、三年という月日が流れた。

その間に、都では燕山君が追われて、中宗《ちゆうそう》王が代つて位に就いた。いままでの秕政は姿を消して、世の中は、再びもとの明るさに立返つた。

燕山君を取りまいていた佞臣たちも、今は残らず滅ぼされて、その代り、逃げ廻ってい た昔の文臣たちが、つぎつぎと召し出されるようになつた。

李校理も、人の噂で、世の中の立直つたのを聞き知つてはいた。しかし、すぐには名乗つて出ないで、よいきつかけの到るのを心待ちに待つた。

柳器匠の家では、毎年一度づつ監司《かんし》(城主)の役庁に、柳細工を納めるのが常例である。李校理はその日になると、

「今年は、一つ私に納めさせてください。」

と、言い出した。

柳器匠の主は、大口を開けて笑つた。

「このわしが納めてさえ、毎年きつと文句が出て半分は突つ返されるというのに、お前さんなどが、どうして納められるものか。」

如何にも馬鹿にしたような口ぶりである。

すると、傍から娘が口を添えた。

「お父さん、そんなことおつしやらずに、この人にさせて見て下さい。きつと大丈夫ですよ。」

娘からそう言われて、主も渋々承知をした。

「そんならまあ、行つてみるがいい。だが、もしもしくじつたら、そのときこそ追い出し

てしまうから、そう思え。」

　李校理は、何を言われても気にとめない。やせうまの上に一ぱい柳細工を積み上げると、それを背負つて、役庁のある城下町へと出かけて行つた。

　城下町までは何里もの道のりである。生れてはじめてやせうまを背負つたので、なかなかうまく調子が取れない。それでも昼すぎには、どうやら城下町まで辿り着くことができた。

　李校理は、監司の役庁へ着くと、門番の前を通りぬけて、ずかずかと奥の方へ入つて行つた。

「こら待て、どこへ行くのだ。」

　門番の役人が、あわてて呼び止めたが、李校理は振向きもしない。そして奥庭まで入つて来ると、底抜けのどら声で、

「柳器匠が来ましたぞぅ。御用の品を納めに来ましたぞぅ。」

　と、つづけさまに怒鳴り立てた。

　奥にいた監司は、その声を聞いて何事かと出て来た。そして、やせうまを背負つたまま、そこに突つ立つている李校理の姿を見るなり、

「これは李校理ではないか。全体まあ、どう

したというのだ。」

と、手を取らんばかりにして、奥へ迎え入れた。

王が代つたので、この全羅道にも新しく監司が赴任していた。その監司と李校理とは、昔から仲のよい友達であつた。

「都ではそなたの帰るのを、みんなが首を長くして待つている。いままで、どこをうろうろしていたのだ。」

向い合つて坐ると、監司は呆れた顔でこういつた。

李校理は、都を落ち延びてからきようまでのいきさつを残らず打明けた。飯を半分に減らされた話では互に大笑いをしたり、こつそり残り飯を運ばれる条《くだり》では、思わず涙ぐんだりした。

聞き終ると、監司が言つた。

「とにかく一日も早く都へ上つてくれ。朝廷では、そなたの行方を皆が心配しているのだ。」

「うん、そうしよう。きようはひと先ず帰つて、また出直して来る。」

「そんな呑気なことを言つている場合ではない。それではこうしよう。あすの朝、早速わしが迎えに行く。そして、あすのうちにも京へ立つてくれ。」

「では、そうするか。」

李校理は、久しぶりに仰ぐ明るい日の光に身も心も蘇つた心地で監司の役庁を出た。そして夕方、柳器匠の家に帰り着いた。

「どうしたね。御用の品は無事に納まつたかね。」

李校理が、空のやせうまを背負つて帰つて来たのを見ると、主は心配そうにたずねた。

「ええ、みんな無事に納めましたよ。今年は格別上できだと、お褒めにあずかりました。」

(はて、不思議な話もあるものだ。それじやうちの婿も、まんざらの馬鹿ではなかつたのかな。)

主は、無事に納まつたと聞いて、胸なでおろしながら、独り言をいつた。そのうえ、

「今夜は、飯を減らさずに一ぱい盛つてやりな。」

と、自分の娘にいいつけた。

翌る朝になると李校理は、平常《ふだん》よりも早く起き出して、庭箒を取るなり、せつせと門口を掃き始めた。

「けさに限つて、どうしたわけだね。」

柳器匠の主が、そう聞くと、李校理はにこりともせずに、

「きようは監司が見える筈です。莫蓙でも出して、そのへんを一つ片づけて下さい。」

と、言つた。

(やれやれ、この馬鹿がとうとう気が狂《ふ》れたか。このぶんだと、きのうの品物も、ほんとうに納めたかどうか知れたもんじやない。)

監司が来ると聞いて、柳器匠の主は頭から李校理を気狂い扱いにしてしまつた。監司といえば、その土地の殿様である。賤しい柳器匠の門口に、殿様が訪ねて来るなどと、誰が本気にしよう。

ところが、ほどなく、賑々しい行列を仕立てて、ほんとうに監司が訪ねて来た。主は腰を抜かさんばかりに驚いて、夢ではないかと目をこすつたが、夢ではない。そのうえ、監司と自分の婿が友達同志のように親しい口をきくのを見て、いよいよ肝をつぶした。

監司は、李校理と一緒に席に着いた上で、主夫婦と娘を呼び、

「よくきようまで面倒を見て下すつた。わしからも礼をいいますぞ。」

と、叮寧な挨拶を述べた。

主夫婦は愧しさに顔も挙げられない。今では李校理の妻となつている娘も、嬉し泣きに泣きながら、きようまでの無礼を親たちに代つて詫び入つた。

一陽来復の春を迎えて、李校理は新しい妻

と共に京へ帰つた。身分のことを喧しく言つていた当時のこととて、賤しい柳器匠の娘が士大夫の妻となることを、王が允許されるかどうか危ぶまれたが、お目通りの席上で、李校理から亡命中のでき事を詳さに聴召された中宗王は、いたく感じ入られ、柳器匠の娘の身分を直して、改めて正室の夫人として迎えることを許した。

李校理夫婦は、八十の高齢を保ち、五男三女を挙げて天縁を全うした。

隣の柿

李恒福《りこうふく》は李朝中世の名臣で、十四代宣祖王に仕え、秀吉の朝鮮役では最も活躍した政治家の一人であつた。

恒福がまだ七八つの小童の時である。恒福の近所に黄大臣という身分ある人のお屋敷があつた。そして、その屋敷と土塀一つ隔てた隣は、これはまたその日の暮しにも事缺くような貧しい老人夫婦が住んでいた。

老人の庭には一株の柿の木があつて、秋になると、枝一ぱいに赤い実をつけた。老人はその柿を市場へ出して、僅かながら暮しの足しにしていた。

ところが、つい三四年前から、この柿の木には新しい枝が生え始めた。そして、その新しい枝は、垣根を乗越えて黄大臣の屋敷の方へぐんぐん延びていつた。いままで実の生《な》つていた古い枝は、だんだん実をつけなくなつて、その代り、こんどは新しい枝に一ぱい柿が生り出した。

黄大臣の屋敷にいた下郎たちは、赤い実の一ぱいついた柿の枝を見ると、つい、それが自分たちのもののような気になつた。

「おい、見ろ、うまそうな柿ぢやないか。」

一人がそういうと、

「うん、うまそうだな。取つて食べようじやないか。」

と、一人が相槌を打つ。

「そうだ。柿の木は向うにあるか知らないが、枝はこつちのものだ。遠慮することはない。取つてしまえ。」

勝手な理窟をつけて、黄大臣の下郎たちは、どしどしその柿を捥ぎ取つてしまつた。老人は、折角楽しみにしていても、柿の実を市場へ出すことが出来ない。

(仕方がない。今年は諦めよう。)

口惜しいのを怺《こら》えて、老人は次の年を待つた。けれども秋になると、やつぱり同じことである。新しい枝の柿は、まだ色もよくつかないうちから、下郎たちに捥ぎ取られて、いつの間にか、裸木にされてしまう。

老人は、柿の木を見上げながら溜息をついた。相手が大臣様のお屋敷では、文句を言つて見たところで取り合わないのは分りきつている。

三年目の秋になつて、またもや柿の実を横取りされた老人は、とうとう我慢しきれずに、斧を一丁さげて庭へ下りて行つた。いつそのこと、柿の木を伐りたおしてしまおうと

考えたのである。

けれども、いざとなると伐れない。何十年という永い年月を馴れ親んだ柿の木である。いくら腹が立つても、その可愛いい木に斧を打ちおろす決心がつかない。

躊つているところへ、恒福が遊びにやつて来た。恒福の腕白は近所で知らない者がない。老人はこの腕白と日頃から仲良しで、恒福が来るたびに、赤く熟れたうまそうな柿をよく捥いでくれたりした。その老人が、きようはばかに沈んでいる。おまけに、斧を持つて柿の木のそばに立つているのが只事のようでない。

恒福は、老人の顔を見上げながら聞いた。

「おぢいさん、どうかしたの、何か心配事でもあるの。」

「うん、いや、なんでもないよ。」

老人は、寂しそうに笑いながら、恒福の方へ顔を向けた。

「なんでもないつて、その斧はどうしたの、柿の木を伐つちまうの。」

「うん、伐ろうかと思つたけど、どうしようかと考えていたんだよ。」

「どうしてさ。なぜ柿の木を伐ろうとしたのさ。」

恒福から畳みかけられて、とうとう老人

は、肚の中のむしゃくしゃを打明けた。たとえ相手は頑是ない子供でも、話してしまえば少しは胸も楽になるだろう。——そう思って今日までの事を残らず物語つて聞かせた。

「——だから、あんまり口惜しいもんで、いつそのこと伐つてしまおうかと、そう考えていたんだよ。」

恒福は小さい頭をかしげて、暫く何か考えていたが、

「おぢいさん、心配することはないよ。おいらが談判して上げるから、柿の木を伐るのはお止しよ。」

と、いかにもませた口を利いた。

「よくいつてくれた。いうことが嬉しいじゃないか。」

老人は、涙ぐみながら、

「だけれどな、相手が大臣様ではなぁ。」

そういつて、またもや溜息をついた。

その夜、晩御飯の済んだあとで、黄大臣は離れの書斎で詩書に目を通していた。黄大臣の紗帽《サモ》の影が、窓に揺れていた。

そのときである。バリッと音がして、誰かの拳《こぶし》がいきなり窓から突き込まれた。

書見をしていた黄大臣は、

「誰だつ!」

と、声を荒げて咎めた。すると、拳を突つ込んだまま、外の方で小さい小童の声がした。

「わたくしです。恒福です。」

「なあんだ、恒福か。恒福がなぜまた、そんな悪戯をするのだ。」

黄大臣も、この腕白坊主のことは、よく知つていた。

「悪戯じやありません。殿様にお聞きしたいことがあつて来たのです。」

「なに、聞きたいことがある。聞きたいことがあれば、入つて来ればいいではないか。そんなところで、拳を突き立てたりしてどうしたのだ。」

黄大臣には、何の事やらさらに呑み込めない。すると恒福が言つた。

「なんでもいいから、返事をして下さい。」

「なんだ、なにを返事するのだ。」

「この拳は誰のものでしようか。」

可笑しなことを聞く奴だと思いながら、黄大臣は言つた。

「それは、お前のものにきまつているではないか。」

「でも、この拳は、いま殿様のお部屋に入つているんです。それでもわたしのでしようか。」

「どこえ入つていても、お前の腕についていればお前の拳だよ。一体それがどうしたのだ。」

黄大臣がそういうと、恒福は構わずに続けた。

「きつとですね。きつと、わたしの拳ですね。」

「そうだとも、なんべん言つても同じことだよ。」

「それでは、もし誰かが、この拳をわたしのものじやないといつて、捞ぎ取つてしまつたら、どうなるでしようか。」

「そんな莫迦なことがあるものか。誰がそんなことをすると言つた。」

「ところが、現に捞ぎ取られた人があるんです。」

（きつと何か訳があるに違いない。）

そう見て取つた黄大臣は、こんどはやさしい声で、

「そんなところにいないで、兎に角入つてお出で。」

と、戸を開けて恒福を書斎の中へ入れた。

黄大臣の部屋に入つて来ると、恒福は、おぢいさんの柿のことを、すつかり話した。窓から突き込んだ拳が自分のものなら、垣根を越えた柿だつて、やつぱりおぢいさんのもの

でないわけがない。

「そうか、下郎どもがそんなことをしたのか。よしよし、殿様がきつと叱つて、もう二度とおぢいさんの柿を取らないようにする。心配しないでお帰り。」

くわしい訳を聞くと、黄大臣は恒福の頭をなでながら、そう約束した。

翌る日、黄大臣は老人を呼んで、

「気がつかずにいたが、まことに済まぬことをした。」

と、いままでのことを詫びた。そして、三年間の柿の代金にと、過分な金子まで老人に取らせた。意地汚い下郎たちが、黄大臣の厳しいお叱りを蒙つたことはいうまでもない。

それからというもの、人の顔さえ見ると、黄大臣は恒福の拳談判の話をして、

「また一人、大臣が殖えたよ。」

と、自分の手柄のように自慢をした。

李恒福は長じて、黄大臣の予言通り立派な政治家になつた。幼い日の胸にあつた正義感と勇気は、国家多難の秋に当り、幾多の勲功となつて現われた。

刑場の志士

新しい棟木

宣祖・光海の二朝に仕えて、曽ては領議政《りょうぎせい》（総理）の地位にあつた李元翼《りげんよく》——。号を梧里《ごり》といつて、徳望高く、国中の尊敬を一身にあつめていたこの老宰相も、今では都から遠く離れた驪州《れいしゅう》の片田舎で、配所の月を見る侘しい身の上であつた。

ある日、この梧里公の侘住居に、一人の旅人が訪れた。年のころ三十前後、目立たぬ身なりこそしておれ、秀でた眉、射抜くような鋭い瞳が、いづれは尋常の用向きの人でないことを物語つていた。

「殿、元斗杓《げんとひょう》でございます。御機嫌を伺いに参じました。」

曽ての老宰相、梧里公の前で、その人は慎ましい挨拶を述べた。原州の生れで、早くから学問に身を入れ、当時の学者朴知誠《ぼくちかい》の門中でも、その人ありと知られた秀才であつた。

「これは、これは——、珍らしい人が見えた。永らく逢わなんだのう。」

「はい、おつつけ八九年にもなりましよう

か。御健勝のおもむきは、風の便りに承つておりました。」

「うむ、達者でおる。そなたも、逢わぬ間に立派になられた。」

　梧里公は、感慨ぶかげに元斗杓と名乗るこの青年を見守つた。

（自分が都を追われるとき、まだやつと二十かそこらだつた若者——、それがもうこんなに頼もしくなつている。その短からぬ年月を洪川《こうせん》、驪州と処を変えながら、自分は空しく配所で老いた。）

　斗杓も、同じことを考えていた。

（老公もめつきりお年を召された。白い鬚、白い髪の毛、深く刻まれた頰の皺——配所へ立たれたときのあの頃の気魄は、今もどこかに残つている。しかし、不自由の多い配所住い、八九年と一口にいつても、老公にとつて、それはどんなにか永い年月であつたろう。）

　そんなことを考えて、つい口重くなつた二人は、やがてどちらからともなく、また口を開いた。そして、それを緒口に、それからそれへと世間話が続いた。

　それは、どこまでもありふれた、ただの世間話であつた。王室や、朝廷のことなどは、どちらの口からも一言も出なかつた。——出

なかつたのではない。ありふれた世間話のやりとりにも、お互いには充分通じ合うだけのかくれた意味があつた。

「殿、只今住つております屋敷が、ひどく傷《いた》みました。棟木を入換えたものかと、実は考えておりますが、如何なものでございましょう。手入だけでそのままおいたものでしょうか。それとも取替えたものでしょうか。」

こういつて斗杓が尋ねると、梧里公は目を閉じてしばらく考えていたが、

「それは、替えねばなるまいの。」

そう答えた。

「棟木を替えるとなりますと、ついでに、大黒柱も取替えねばなりません。もつとも、前に手頃なよい木が一つありました。これはいま使わずに遠くへおいてあります。それを役立てようかと考えておりますが、どんなものでございましようか。」

こんどは、老公もすぐに答えた。

「いかにも、木さえ傷んでおらねば、それは役立てたがよい。」

こんな取りとめのない問答の間に、二人が取交わした約束——、今の王を廃して新しい王をお迎えしようとする青年志士たちの企てに対して、その中心人物となつて力を借すことを、梧里公は快く承諾したのである。

夜が更けるまで二人の「世間話」は続いた。棟木として新しくお迎えすべき意中の人物——、誰を王として戴くかという一番大切な事柄も、この世間話の間に充分打合わされた。梧里公の考えも、志士たちの意見も、目ざす棟木についてはぴたりと一致していた。その棟木とは、いまの王の甥君に当る綾陽君《りょうようくん》その人であつた。

落魄の王孫

高麗から李朝へかけて、実際は王の位に立つていながら、王室の系図の上で王と称えぬ人が四人ある。高麗に二人、李朝に二人—。高麗の二人（辛禑《しんぐう》・辛昌《しんしょう》）は血筋のためであるが、李朝の二人は、余りにも悪い王であつたところから、れつきとした王室の直系でありながら、尊号を削り取られたのである。第十代の燕山君《えんざん》と、十五代の光海君《こうかい》がそれで、元斗杓が「取替えるべき傷んだ棟木」といつたのは、他ならぬこの光海君のことであつた。

光海君は宣祖王の二番目の王子で、宣祖王の崩ぜられたあと、兄君の臨海君《りんかい》を押しのけて位についた。この即位には一通りならぬいきさつがあつたが、そのいきさつは、即位の後まで持越して、やがて兄君や、宣祖工の

正妃から生れた永昌《えいしょう》大君が謀叛の汚名を着て命を失い、多くの臣下たちにまで禍が及んだ。

この騒動を一層大きくしたものは、その頃朝廷に対立していた南北両派の勢力争いであつた。北党は更に二つに分れて、「大北」「小北」といつた。これらの幾つにも分れた勢力が、まんじ巴に入り乱れて互にしのぎを削る間に、政治は愈々荒れすさんでいつた。

国の行末を心配する若い志士たちは、命を棄てる覚悟で、大きな冒険に乗り出した。一つの目的によつて固く結ばれたこの同志たちは、厳しく光る朝廷の目を避けながら、着々と計画を進めていつた。

この人たちが、新しい王として択んだ綾陽君は、宣祖王の五番目の王子定遠君の子であつた。宣祖王は歴代の王の中でも珍らしいほどの子福者で、王子王女合せて二十五人—。この多くの血筋の中から選りにも選つて綾陽君が択ばれたには、またそれだけの理由があつた。

成功した暁、たとえ王と仰がれ、万民の上に立つことができるとしても、こうした大事の中に捲込まれることを王族たちは喜ばなかつた。喜ばぬどころか、そうしたそぶりのある人には、近づくことさえ惧れた。仕損じた

ときの破滅——。余りにもそれは大きな冒険であつた。それよりは、王の一門として、約束された平隠な幸福の中に生きることを望んだ。しかし、綾陽君一人はそうでなかつた。

光海君の即位まもなく、綾陽君の四番目の弟は、逆意を抱いたとの疑いから流配された。弟の潔白を固く信じていた綾陽君は、肉親の叔父である王の前に忠誠を傾けて歎願した。けれども王は聴き入れなかつた。綾陽君は、そこで今度は、王妃の兄に当る大臣の柳希奮《りうきふん》に頼み入ろうとした。三度五度足を運んでも、柳希奮は逢わなかつた。客があるといつては断り、気分がすぐれぬといつては無駄足をさせた。世が世なら——と、綾陽君は歯がみをした。けれども邪な権勢に驕つている柳希奮の目には、落ちぶれた王孫など、取るにも足りない存在であつた。

弟を救いたい一念から、三度目には柳希奮の側女を訪ねた。するとその女は、卑しい笑声を立てながら、

「どのくらい御褒美が戴けるのでしよう。わたくしのような者は、お宝次第でどつちへでもつきます。そのことさえちやんとして下さるなら、できるかどうかは二のつぎ、せいぜいお口添えはしますけれど——。」

そういつた。

綾陽君は、その日から、金をつくることに狂奔した。目ぼしい家宝や、祖父君の宣祖王から下賜された御物などを、手当り次第捨値で売つた。それでもまだ柳希奮の側女が望んだだけの金にはならなかつた。こんどは、借りられるだけの金を借り集めにかかつた。けれども人の手にある金が、おいそれと直ぐには間に合つてくれなかつた。それやこれやで暇どつていた。暇どつているうちに、配所へは、王から毒薬の使者が送られた。死を賜わつたのである。

つづいて、そのことから綾陽君の父君（定遠君）も心鬱を発して、不幸なわが子の後を追い、間もなく世を去つた。

父と弟を一時に喪つた綾陽君の胸には、悲しみを乗り越えた大きな憤りが燃え立つた。王族の栄誉の中で、身を終える気は少しもなかつた。若い志士たちの企ての中に、綾陽君は進んで身をまかせた。

「新しい棟木」は、こうして定まつた。

拷　問

棟木だけで家の建直しができるわけではない。この大きな冒険には、李貴《りき》だの、金流《きんりう》だのという以前の地方官たちや、金自点《きんじてん》、沈器遠《ちんきえん》などの学者や、申景禛《しんけいしん》、崔鳴吉《さいめいきち》、その他西

人派の目ぼしい人たちが何れも味方となつて加わつていた。けれどももう一人、これらの人々を統率してくれる中心人物がなくてはならない。

（誰がよいか。）

志あくまで浄く、徳望備わり、しかも勇気があつて、国内の尊崇を一身に集めている人物——。この註文にあてはまる人は、梧里李元翼公のほかにはない。そこで同志の中から元斗杓が択ばれて、梧里公の本心を知るために、はるばる驪州を訪れたのである。

棟木は取替えねばならぬという。

柱も役立ててよいという。

梧里公は承知をしたのである。その上、綾陽君の推戴まで意見が一致した。もう何一つ欠けたものはない。最後の勝利まではあと一息——、そう思うと若い志士の胸には、いい知れぬ悦びがあふれた。

夜が明け離れるのを待ちかねて、斗杓は驪州をあとに、都へと足を急がせた。

（早く同志たちのよろこぶ顔が見たい。）

そう思うと、足がひとりでに速くなつた。やがて都に近づいたとき、ふと気がついて斗杓は後をふりかえつた。影のようにつきまといながら、自分のあとをつけている者があつた。

急ぎ足になると、向うも急いだ。ゆつくり歩くと、今度は向うもゆつくりついて来た。そのうちに、つきまとう影は二つになり、四つになり、八つになつた。

(ここで敗れては、今までの苦心が水の泡になる。)

斗杓は、とつさに身を翻えして、右手に見える松林の中へ逃げこんだ。逃げこんだが、そこには羅卒の網が待ちかまえていた。木蔭という木蔭には捕手たちが身を伏せていた。どこにも、もう逃げ場はなかつた。

翌る日から、惨酷な拷問が斗杓の肉体を責め苛んだ。

——「何を企んだ。」

——「一味は誰々だ。」

——「有体にいえ、いわねば九族を滅ぼすぞ。」

訊問のときに、くりかえされる文句はいつも決つていた。けれども斗杓は言わなかつた。

捕われたその日から唖になつていた。どんな惨い責道具も、固く閉じたその口を開かせなかつた。斗杓の捕われた日に、斗杓の家にも捕手が向けられたが、家族たちは、逸早く行方をかくして、猫の子一匹いなかつた。それが愈々朝廷の疑いを深めた。

（よほどの大事を企んだらしい。）

（妻子や一族が姿をくらました。尋常な企みではあるまい。）

朝廷では、そうとつて、何でもかでも斗枃の口を開かせようとした。打つて打つて打ちのめした。肉がはじけ飛んだ。生爪が引剝がされた。倒さ吊りにもかけた——そのたびに斗枃は気を失つて悶絶した。けれども、その口から、ついに片言も聞き出すことはできなかつた。

捕えては見たものの、何一つこれという証拠がある訳ではなかつた。何を、誰と企んだということも、皆目見当がつかなかつた。同志の中の誰かが裏切りでもせぬ限り、本当のことが知れる筈はない。それほど、志士たちの密約は固かつた。

一人が口を滑らせば、立ちどころに何十人の犠牲が出る。それを知つていながら拷問の苦しみに負けるほど、斗枃は志の弱い男ではなかつた。

流石の朝廷も兜を脱いだ。たとえ八つ裂にされても、口を開くとは思われない。謀叛を企んだことだけは間違いないとして、さて、どうしたらよいか——。

朝廷の役人たちも、この上調べようがなくなつた。半月余りの拷問のあとで、そのまま

斗杓は牢へ投げ込まれた。やがて、うやむやのうちに判決が下された。

六月六日（光海十四年）、

漢江の刑場で、謀叛人元斗杓を斬罪に行う。——

これが最後の宣告であつた。

愈々斬罪と決ると、牢の中の扱いは幾分寛大になつた。三度三度の食事にも肉や魚がついた。時には酒の添えられることもあつた。

はじめの三日四日は起上ることさえできなかつた。数限りない責苦にあつて、裂けただれた体を、斗杓は自分ながらもてあました。

しかし、牢の中にいて十日、二十日と日が経つうちに、少しづつ、もとの元気が戻つて来た。

六月六日は、一日一日と近づいた。

酒

いま一歩という瀬戸際で捕われの身となつた無念さ。

幻のように崩れ落ちた大きな望み——。

しかし斗杓は絶望しなかつた。たとえ、自分がいなくなつても、同志たちはきつとやつてのけるだろう。自分一人が捕われたところで、すべてが終つたわけではない——。斗杓は、狭い牢の中にいながら、心しずかに最後

の日の至るのを待つた。

ついにその日が来た。手足を縛められたまま、斗杓は牛車に乗せられた。数十人の羅卒たちが、あとさきを固めた。行刑官は馬にまたがつて、一番後に附添つた。こうして昼すぎ、牛車は禁府を出た。

そこから刑場までは、二里あまりの道のり、——ごとごとと揺れる牛車の上で、きよう首を斬られる「謀叛人」元斗杓は、目を閉じたままじつとしていた。見納めの都の町並に名残りを惜もうともしなかつた。謀叛人の顔が見たさに、ぞろぞろと弥次馬たちが従いて来た。南大門を出て、竜山をすぎて、やがて四時近くになつて、牛車は漢江の刑場に着いたが、それまで一度も斗杓は目を開けなかつた。端座したまま、体の向き一つ変えなかつた。

首を斬るのは酉《とり》の刻（午後六時）と決められていた。それまでの一刻あまりを、用意をしながら待つていた羅卒たちは、愈々時刻が来て、斗杓を首の座の前に曳いていつた。

「何か言いのこすことはないか。」

行刑官からそう聞かれたが、斗杓は落ちついた声で、

「何もありません。」

と、答えた。

「では酒をやれ。」

死罪に行う者へ、これが最後のお情の酒である。羅卒が大きな丼になみなみと注いだ酒を、斗杓の口の傍へ持つて来た。

　それを呑ませようとすると、斗杓は行刑官の方へ顔を向けた。

「今生のお名残に、一つお願いがありますが——。」

「何だ。」

「折角下さるこの酒、この酒だけはせめて自分の手で呑み干して死にたい。贅沢なお頼みながら、どうか酒の入れものを、わたくしの手に持たせて下さい。」

　いまわの際の頼みである。叶えてもやりたいが、そのためには縛めを解かねばならない。

「それはだめだ。罪人の縄を解くのは御法度だからな。」

　行刑官がそういうと、斗杓は笑つた。

「罪人にもよりけりです。肉がちぎれるまで拷問にかけられた体、縄を解かれたところでどうなりましよう。」

　それもそうだと、行刑官は、つい仏心を起した。

「縄を解いてやれ。」

　斗杓は縛を解かれると、手足を動かして一

度大きく伸《のび》をした。そして羅卒の手から丼を受取つた。

行刑官に礼をいうと、その丼を両手に抱くようにして斗杓は口に持つていつた。ごくり、ごくり、ごくり——、三口ほど呑んだと思つた時である。目にもとまらぬ早業でその丼が飛んだ。二三人の羅卒が悲鳴をあげてのけぞつた。手と足が矢車のように一度に動いたかと思うと、もうそこに「謀叛人」の姿は見えなかつた。

水煙を立てて、斗杓は首斬場の真下にある漢江に飛込んでいた。

「それ、逃すな！」

つづいて羅卒も飛込んだ。舟が出された。泳いで上れぬように、漢江の両岸には見張の網が張り巡らされた。

何処にもいなかつた。一度飛込んだきり、二度と姿を見かけた者がなかつた。空しい捜索が一刻あまりも続けられたが、とうとう羅卒たちも諦めた。

「どつちみち、もう生きてはいまいよ。同じ死ぬにしても首を胴につけておきたかつたのさ。とんだ人騒がせな土左衛門様だよ。」

そんなことをいつて、行刑官以下一同は、やがて漢江から引上げていつた。

老宰相の涙

斗杓は生きていた。漢江の上流、一里余りのところに――。

小さいときから、水練では人にひけを取らなかつた。しかしながら、人間の智慧では割出すことのできない、それは不思議な力であつた。その力が、ない命を助けた。

羅卒たちがわいわい騒ぎながら、刑場の近くや川下の方にばかり気をとられている間に、この重罪人は、水底をくぐつて、川上へ川上へと溯つた。こうして、羅卒たちが引上げた頃には、斗杓は半分死んだようになつて纛島《トクソム》の岸に這い上つていた。

荒寺の椽の下で、正体もなく眠り続けた斗杓は、次の日、苦心惨憺して同志の一人と連絡をとることに成功した。もうそのときは、大事を起すばかりに万端の用意ができていた。

その月のうちに大望は成就して、光海君は位を追われた。同志たちに迎えられて綾陽君が玉座に上り、第十六代の仁祖王となられた。

王位を追われた光海君は、江華島に移されたが、永昌君の生母にあたる仁穆大妃《じんぼくたいひ》は、吾子を殺された怨みから、光海君の命を取らね

ばと言い張つて聞かなかつた。ときに、宰相として台閣の首班に立てられていた梧里公は涙を流して大妃に申し上げた。
「光海君は御自分の過ちから位を失われました。誰を怨むことができましよう。しかも小臣は、既に臣下としてその下に仕えたのでございます。若しお命まで戴かねばならぬものでしたら、何卒小臣へも、このままお暇《いとま》を賜りますよう——。」
梧里公のこの一言には、仁穆大妃もその上、我をとおすことができなかつた。光海君は、あとで済州島へ移され、仁祖王の十九年まで余命を永らえた。

元斗杓は、勲によつて二等の爵位を授けられ、原平君《げんぺいくん》に封ぜられた。三代の王に仕えて左議政（副宰相）の位に進んだが、至誠一貫国に尽して、顕宗王の五年、七十二歳で世を去つた。

—おわり—

あとがき

☆旧版の「朝鮮史譚」では高麗の物語が前半を占めているが、この小冊子ではそれを省いて一足とびに李朝へ入ったから、読者の中には取りつきにくいと感じる人があるかも知れない。しかし「二つの杜門洞」を読んでゆくうちに、歴史にうとい人にも、高麗末期の様子は、おぼろげながら察しがつくはずである。
☆王室の年代などは西暦を添えるか、年表を附録にするのが親切かとも思うが、専門の歴史書というのではないから、ここではそれも省略した。
☆王室への言葉づかいがバカ叮寧であったり、ぞんざいであったり、マチマチであるが、一個人として尊敬に値いする王と、然らざる場合とを区別した程の気持で、取立てて意味があるわけではない。もとより筆者の懐古趣味というのでもない。
☆むずかしい漢字を大分削ったが、それでも、まだまだ目につく字が多い。２集以後は、もっと読み易いものにしたいが、どんなものであろう。読者の御意見をうかがいたい。

〃コリアン・ライブラリー〃問答

「ダイジェスト・コリア」の創刊案内をいただいたのが、あれがいつ頃でしたかね。

——昨年十月ですから追つつけ半年になります。前触れだけしておいて、仕事らしい仕事をしておりませんので、大変恐縮しているようなわけです。

創刊が遅れたわけですか。

——途中でちよつと、方針の変更がありました。経常費が毎月四、五十万は要る。後顧の憂いのないようにするには、初め、骨が折れても会館を一つ建てておく——。会館の一部を貸事務所などに宛てて経常費をまかなうという案です。先ずそれに全力を尽すべきだというので、「ダイジェスト・コリア」の発行が後廻しになつたわけです。

その方の成果は挙りましたか。

——どういたしまして。やつてみると、これがなかなかの難航です。北は北海道から南

は九州一帯へかけて、目ぼしい相談相手を一わたり訪ねて歩きましたが、こんなことでは十年かかっても会館ができそうにない。よき共鳴者は何人となく見つけましたがね。

六〇万も同胞がいるのですから、文化センターの一つくらい、あってもよいのですが。

——日本の政府は、いま十億円の予算でパリに文化会館を建設にかかっています。それと、沫若文庫を中心にして進歩陣営の人たちが「アジア図書館」の計劃を発表している。どちらも、コリアン・ライブラリーの記事が出てから二、三カ月もして発表されたニュースです。文化といえば実生活に縁の遠い雲やカスミの世界と吾々の同胞たちは考えているが、これは政治にも経済にも直結された具体的な問題です。

そんな機関が、いままでにないのが不思議のようなもんですがね。

——全くね。たとえば、こういうことがあります。朝日新聞が、この春から「アジアの人々」というのを紙面に連載した。係りの人から私に速達が来て、韓国の文化人—学者、詩人、音楽家、作家、美術家といった人たちを各回に分けて五、六人紹介してほしい。写真も、経歴も添えてもらいたいというわけです。北鮮側では、文芸峰などが二段写真

で紹介されている。

ギャングやヒロポンが韓国人の専業のように取られている日本で、こういう文化面の人を紹介できるのはまたとない好機会だと思つたので早速引受けた。さて、誰それという目標はあるが、その人たちの写真一枚が日本で手に入るわけではない。少し手間がかかることを朝日に断つておいて、韓国の新聞社、雑誌社に手配をした。二カ月経つたが、いまだに音沙汰なしです。「アジアの人々」は、もう多分終つた頃でしょう。韓国の文化会館が一つ日本にあれば、こんな問題は立ちどころに解決するわけです。

結局、どうなります？　コリアン・ライブラリーは——。

——〝急がば廻れ〟という教訓を半年の経験から、もう一度学んだわけです。火野氏の小説「ただいま零匹」—あの中に、キリシタンの文化センターを建てるために、ロザリオ（念珠）をつくつて全世界の共鳴者に頒布することを考えた市長の話があります。これは実話で、ローマ法皇が最初の千五百ドルかを送つて来ています。私も昨年暮、その大分市へ行つて来ましたが、いうならば〈木槿文庫〉と〈木槿少年文庫〉がコリアン・

ライブラリーのロザリオに当るわけです。毎月二冊づつ一年間——一種類が一万部出てくれれば寄贈を差引いても、およそ二〇万部——この売上げから事務費を除いたものが会館建設の基金になるわけです。それだけでは足りませんが、先ず「呼び水」が必要です。ずいぶん遠りくどい話ですが——。

すると、文庫の発行費は？

——これは協賛会員がスポンサーになつて、適宜部数をそちらで負担してもらう仕組です。文庫の発行で読者を開拓しながら、一面で、ライブラリーの基金を築いてゆく——一石二鳥の名案というわけです。

文庫の二十四冊が完了するまで「ダイジエスト・コリア」の創刊は見合わすというわけですか。

——必ずしもそうではありませんが、「ダイジエスト・コリア」は寄贈制が原則ですから、少し力がついてからでないと自信が持てません。いましばらくの御猶予が願いたいのです。

コリアン・ライブラリーの企図

一、現在韓国で発行される日刊新聞、雑誌、単行本など、一切の刊行物を細大洩らさず蒐集する。
一、この図書室を中心に、週二回、在日韓国学生が集合、主だった記事の選択及び翻訳について協議し、分担する。金素雲がその指導に当る。
一、それ等の資料を整理編集して毎月一回「ダイジェスト・コリア」（韓国文化資料）を継続発行。範囲は政治・経済の動向を始め、文学（詩・創作・戯曲・随筆）・、音楽、美術、演劇、映画に亘る文化全般の消息、新聞記事の抜萃等、文化活動及び生活相の一切を反映し、一目瞭然たらしめる。古典及び、歴史的事実、人物の紹介をも留意。
一、日韓両国に関連する日本側の言論及び、日本人識者層の寄稿を併せ掲載する。
一、A4判二四ページを標準とし、毎号一万部を発行。大部分を寄贈に充て、一部を有価紙とする。
一、寄贈先—「文芸年鑑」収録の文化人名簿全員（約三千二百名）へ個別郵送。法人団体、学校、官庁、銀行、会社、出版社、新聞社、雑誌社（韓国人団体を含む）へは適宜部数

をそれぞれ回覧紙として寄贈する。

一、以上の方式を一カ年間継続、その期間中に会員組織を整え第二年以後の自律的維持を図る。随つて、第二年以後は発行部数を減じ、会員のみに発送、寄贈制度を廃止する。

一、コリアン・ライブラリーの同人（主に学生）には定額の学費を支給する。

一、「ダイジエスト・コリア」発行による一石五鳥。

（イ）日本の政治人、経済人、文化人の各界各層に韓国の今日を赤裸々に紹介し、その認識と理解を助長する。

（ロ）日本に在住する韓国同胞に本国の実状を知らしめる。

（ハ）少数の志ある韓国学生にチーム・ワークの喜びをもたらし、多少なりともその経済的不安を緩和する。

（ニ）従来の個人的任務が、組織的共同体に肩代りされることにより文化交流の方式と手段が拓かれる。例えば、韓国美術展、講演会・座談会の定期開催等。

（ホ）現在日本国内には韓半島を〃ふるさと〃と懐しむ多くの日本人がおり、紙面の効用によつて、それらの人々の横の連絡と親和に寄与する—等々。

＜**附記**＞「ダイジエスト・コリア」の創刊期日は改めて発表。会員諸氏には別に書信をもつて連絡いたします。

コリアン・ライブラリーの事業を達成する目的と、その仕事を援《たす》ける人々の尊い協力によって〈**木槿文庫**〉と〈**木槿少年文庫**〉が毎月二冊づつ刊行されます。〈文庫〉の第I集は「端宗六臣」、〈少年文庫〉の第I集は「棉の種」ですが、引つづいて来月は、

☆木槿文庫(2) **隣の客**(随筆)

☆木槿少年文庫(2) **三つの瓶**(民話)

を予定しています。購読を希望される方は、前もつて発行所までお申込ください。

(**定価各一部六〇円**、送料八円。一〇部以上の取りまとめ注文に限り送料本社負担)

粗末な、小さな本ですが、読みおわったら、知合いの方々にも見せて上げてください。

定価60円・送料　8円

昭和三十二年四月十日　印刷
昭和三十二年四月十五日　発行

著者 発行者　金素雲
印刷人　岡田利秋
印刷所　神戸出版印刷株式会社
神戸市生田区栄町通二丁目二四
発行所　コリアン・ライブラリー
大阪市天王寺区下味原町八〇
電話七五—六二三八番

▼ページが抜けていたり前後の順序が間違っていたりする製本がありましたら発行所宛お送り下さい。すぐお取りかえいたします。

木　槿　文　庫

—2—

民族の日蔭と日向

金　素　雲

コリアン　ライブラリー

コリアン・ライブラリーは、つぎの方々のお力添えによって事業を行って来ました。（名誉会員―拠金拾万円以上、または功労者。特別会員―拠金壱万円以上。）―五十音順・敬称略―

名誉会員

安東均　大阪市北区絹笠町、堂島ビル内、大阪交易KK
石井秀吉　愛知県半田市浜田三
江崎光雄　大阪市南区河原町一、食道園
大阪興銀　大阪市天王寺区下味原町八〇
大原総一郎　大阪市北区第一生命ビル内、倉敷レイヨンKK
大山陽治　名古屋市瑞穂区堀田町八ノ一一
河本庄司　大阪市東区南久宝寺町二の三、河庄KK
小浪義明　神戸市灘区高尾通り四ノ八
佐川佐太郎　大阪市東成区片江町二ノ四九、大優化学KK
阪本勝　兵庫県庁知事室
重光武雄　東京都新宿区百人町、ロッテKK
田中貞　名古屋市東区大幸町一七、名古屋学院
中倉久樹　三重県四日市市新浜町四区
永野静子　福岡市下東町一四、山名商店
西阪保治　大阪市天王寺区悲田院町、日曜世界社
朴永愛　福岡市綱場町、安田商店
丸山邦夫　大阪市浪速区幸町通り五ノ一四、太洋貿易KK
馬得先　神戸市灘区福住通六丁目三ノ一〇
松田竹千代　東京都目黒区下目黒三ノ五八三
水野成夫　東京都千代田区有楽町、国策パルプKK
渡辺寛一　大阪府泉大津市清水町一、渡辺紡績KK

特別会員

新井在憲　京都市下京区壬生川通七条上ル、大洋商事KK
安学道　熊本市下通町二
石田信雄　仙台市中杉山通り五六、扇屋商事KK
神農登治　名古屋市中村区泥江町一ノ七、セントラルビル内
金下文吉　滋賀県宮津市字須津、金下建設KK
金光男　札幌市南十条西七丁目
金寿賛　熊本市河原町二
金百源　札幌市南五条西三丁目、丸源旅館
権赫偉　大阪市北区太融寺町二八、産経繊維KK
渋谷貴巳　神戸市立兵庫小学校長
新原常正　熊本市本山町六一三
南元　札幌市南九条西一丁目
裵点錫　札幌市南五条西三丁目、丸源旅館気付
朴準竜　札幌市南八条西四丁目
李学出　京都市上京区千本笹屋町上ル

（以上、昭和三二年六月現在）

木槿文庫

―2―

民族の日蔭と日向

金 素 雲

コリアン・ライブラリー
発 行

はしがき

「人間の足が踏む広さは、わずか数寸に過ぎないのに一尺ほどもある路で崖からつまずいて落ちるし、ひとかかえもある丸木橋で、かならず川に落ちておぼれるというのはなぜか。そのかたわらに余地がないからである。……真実のこもった言葉も、人に信じてもらえず、天地に恥じぬ行いも人から疑われることがある。みな、自己の言行、名声に余地がないためである。私は人から誇りを受けたとき、いつもその点について反省した。(「顔氏家訓」名実篇)―桑原武夫編「一日一言」―

「人格の余白」ということについて漠然とした一つの考えが脳裏を去来したときなので、古人のこの言葉は私にとっても手痛い教訓になった。私は自分の考えが間違っているとは思わないが、未だに人の心を打つに至らないというのは、ひとえに、「余白」に欠けているためである。

「アジアの四等船室」(講談社版)以後の評筆・随想から主に民族問題に繋がりのあるものを択んで木槿文庫の2集とした。いずれも余白に乏しく、筆を加えたい部分も多々あるが、この際は「切抜帖」のつもりで、このままおゆるしいただきたい。

著　者

目次

紅いチューリップ…………八
日本の忘れもの…………一一
宇宙人着陸せず…………一四
民族の日蔭と日向…………一八
自家用良心を惧れる…………二四
国民感情の末端に巣食うもの…………二八
権べエが種まく…………三一

ないないづくし……三五
共通の不幸の前で……三九
「不聞人世喧」……四三
偏見という名の鬼……四六
朝鮮の民族詩について〈対談〉……五〇
臆測と独断の迷路……五八
六号メモ……九三

随想 民族の日蔭と日向

—8—

紅いチューリップ

友人のKに紹介されて、Y氏と初対面の挨拶をした。大学で講座を持ち、旁々私学団体の重要な職責にいるという人である。

Kが私を詩人だと紹介すると、Y氏はお世辞ではない顔つきになつて「そうですか、私もじつは詩が好きでして……」という。詩人などと自称したことはないが、詩が好きだというY氏に、私は自分の訳詩集を一冊さし上げねばならぬ義務を感じた。即ち人に頼んで近所の書店から岩波文庫の「朝鮮詩集」を買つて来てもらつた。

署名をしてY氏の前に差出したら、パラパラとページをめくつて見てY氏が言つた。

「これは、日本語で書いた詩でしようね」

「いえ、朝鮮語の詩を日本語に飜訳したものです」

私が答えると、Y氏は意外そうな面持で「へえ、私はまた朝鮮の詩人は日本語で詩を書くんだとばかり思つていました」という。——「もう、みんな一家だという気持でしたからね」

私も、いろいろな人に逢つて来たが、学識ある人から、こういう言葉を聞いたのは始めてである。

「それは少し迂濶でしたね。朝鮮人にも自分の言葉というものはありますよ」

すると、やや気色ばみながらY氏が言つた。「そ

ういう角の立つ考え方は賛成できませんね。こちらは何も悪気じゃないんで……、人道的な友愛精神といいますか、みな同胞だというふうに教育されましたからね。大多数の日本人は、そういう善意を持つていますよ、朝鮮も、日本も、同じだという……」

「失礼ですが、それはあなたの独り決めというものです。大多数がそうであるかどうかは別問題としても、少くとも〃善意〃とは、そんなものじゃない……」

Y氏は吐き棄てるように言う——、「それはあなたのヒガミというものです」

「オヤ、オヤ、これは驚きましたな。あなたに対してヒガミなどを持つ理由は何もない、それはあなたの失言でしょう。ただ、私はこう言いたいのです。相手の個性や立場は無視して、相手も自分と同じだと決めてかかる——、そんな得手勝手な善意を私は信用しないということです」

こちらからお願いすることがあって訪ねた人ではあるが、遠慮も事柄による。碁打ちは相手に真剣に打ちこむのが儀礼だという。社交用の笑顔でお茶を濁しては、かりにも詩人たるものの一分が立たない。

「大多数の日本人の善意を……」

「お待ちください……」Y氏の言葉を私はさえぎつた。

「あなたは何が何でも、ご自分の〃善意〃を押し通そうとなさるが、それは善意じゃない、恐るべき無知です。朝鮮の詩人は日本語で詩をつくると思っていた、——そうでないと判つたら、呵々一笑して率

直にその誤謬を認めたらどうです。事実を認め合うという、そこから話は出直すべきではありませんか……」

Y氏と対坐している卓上に、紅いチユーリツプが活けてある。私はその花瓶を指さしながら言い足した。

「——ここに紅いチユーリツプがありますね。ところが、向うに百合の花があるとします。一つは紅く、一つは白い——色も、匂いも違うわけです。その違いを知ろうとはしないでチユーリツプが「あれもチユーリツプだ、あれも自分と同じ匂いだ」と決めたとする。——おまけに、それを善意だなどと押しつけられては百合たるものの立つ瀬がない。……だが、百合も、チユーリツプも、煎じつめれば同じ花です。時に、同じ花壇に咲き、同じ一つの花瓶に活けられて人を楽しませる。けれども、だからといつて、百合がチユーリツプなわけはない、チユーリツプが百合である筈もない……」

「じや、あんたは、いつまでも日本人は日本人、朝鮮人は朝鮮人でなくちや いけないって いうんですか。もつと人間的な連結——アジアは一つだというそういう考えには反対ですか？」Y氏が云う。

「とんでもない。政治に、民族に、先行する〃人間〃——というのが、近頃の私のお題目です。しかし、人間でさえあれば、いいというようなもんじやない。相互いの立場や感情を正しく理解する——、そのためにこそ文化の交流の意味があるのです。あなたの仰つしやる「善意」というもの——、そんな

独り合点の土台に、アジアだの、世界だのと、間口をひろげるのは、たとえて言えば泥沼の上にビルヂングを建てるようなものです。無意味というよりは剣呑というべきでしょう」

Y氏のような一かどの識者の前で、説法でもないが、Y氏も少しは判つてくれたようである。気を取りなおして和やかな談笑に入り、このことについては、後日を期して、もう一度よく話し合うことを約して、機嫌よく手を握つて別れた。

（一九五七年三月、親和）

日本の忘れもの

気になる選挙風景

テニス・コート貸します

旅先で私は日本の選挙風景を拝見した。気の抜けたような、まるで宣伝カーだけが独りで怒鳴つているような印象であつたが、いざ開票となると、アチコチの速報板の前に黒山の人だかりがしていて、やはり関心は深いのだとわかつた。

日本にいること自体が私にとつては「旅」であり、

その旅の中で、改めて旅行に出たのだから、いよいよ念の入つた旅ガラスである。日本の政治の全体の動きということ以外には、別に取り立てて誰をヒイキにするといつた個人的な選り好みはないのだが、そういう旅人の分際ながら、こんな人物は当選させたくないというような名が二つ三つはある。東京の新市内で、何とか学園を経営している男——「テニス・コート無料で貸します」という石版刷りのビラを年中貼りめぐらしているのだが、そのビラの中で一番目立つ大きな字が「学園理事長なにがし」とある名前の三字である。人に聞いたら、なんと、それが選挙運動の予備工作なのだそうで、テニス・コートを売名のダシにするとは小汚い御仁である。これは前の選挙で目出たく落選した。

これも同じ二、三年前の選挙のときであるが知合いの絵描きの息子——まだ四つか五つの子が、両手にキヤラメルの小箱を一つずつもつて外から帰つて来るなり「お父ちやん、センキヨは〇〇〇だよ」といつたそうである。これは大臣などした某党の大物で、タヌキなどの別名のある男——家業は酒屋だという人物である。子供の手にキヤラメルを握らせて選挙運動をやろうというのは、さしずめ買収の元凶というべきであろう。選挙とタイアツプしたその紅梅キヤラメルの宣伝カーを私も路上で見かけたことがある。

〃国会へ進軍〃

普選当初、東京の品川で、高木正年という盲目の老

人が全国最高点で当選したのを憶えているが、こんどの参院選挙で加藤シズエ女史が七十五万票の最高位というのは、ひとごとながら気持がよい。日本も変つたものである。

試みに七月十日付の読売（大阪）朝刊社会面をひらくと「陸海精鋭、国会へ進軍」のトツパン見出しで、元陸軍少将、大本営報道部長松村氏と、元海軍中佐大谷参謀の当選の弁が大きくスペースを占めている。〃再軍備は堂々と〃これは松村氏、〃靖国神社を護る〃これは大谷氏、いずれも初号、特号の大気焔である。たまたまの偶然ではあるがピストル四十何丁かが元の邸跡から掘り出されたという記事で同じ紙面に「大川周明」の名も出ている。

ここらだけの印象からいえば、日本も敗戦の傷痕をすつかり拭い去つたような感じである。日本の在り方がどうあろうと、それは日本自身の問題で、通行人の私などが口出しをするつもりはないが、少しばかり気になることがある。

かつての日本は、他民族を傷つけ、その幸福を奪うことによつて繁栄を維持した。今後は間違つてもそのような繁栄はあり得ないということ、それを日本が、ほんとうに知つてくれたかどうか、ということである。「外国からバカにされている」の、「気骨ある政治家には軍人出身が一番よい」のとイキまかれると（同じ紙面の石塚氏談話）どうも日本は、何か忘れ物をしているのじやないかと、つい気になるのである。—大阪にて—

（一九五六年七月、読売新聞）

宇宙人着陸せず

地球ノイローゼ

人を見たらドロボウと思え――と、日本のコトワザは教えているが、しかし、これはなにも日本だけの専売というわけではない。巴里の素人下宿のオカミさん（といつても大学教授の夫人）は、外出のときは電話室に鍵をかけることを忘れない。十五フランの通話料をゴマカされないための用心である。電話のベルが鳴り響いても鍵がかかっていては詮すべ

もなく、アタラ文明の利器も用をなさないというわけである。

芸術のメッカといわれる巴里にして然りとせば、あとは言わずもがな――犬や猫は信じても人間同士は信じない、これが、いまの世の通り相場である。

ミリオン・ブックスにミリオン・テックス――そんなミリオンのほかに、もう一つ「ミリオン・サイド」というアチラ言葉がある。訳して「百万人殺し」――原水爆の恐怖を端的に表現した新造語であるが、事実は百万どころでない。東京都の八百万くらいは、キノコ雲一チョウで軽く片がつくのである。

魚一尾食うにも、一々カウントを気にせねばならず、春雨じやとてウツカリ濡れても歩けない。気ま

じめで正真な人間ならノイローゼにかからないのが不思議みたいなものである。——どこか引越すところがあつたら、こんな地球なんかサツサと見切りをつけて引移りたい——、そう思うのは強ちに僕一人ではあるまい。

空飛ぶ円盤

ところが、これが空想かというになかなかにどうして——実現の可能を保証されたゴクまじめな話なのである。近頃、世界の話題となつている「空飛ぶ円盤」——もつとも、この「円盤」が最初に地球を訪れたのは二千年も前だという説があり、今を距る百年前、一八六四年に、ピアツイ・スミスという御仁は「見た通り」の円盤のスケツチまで描いている。日本の森田たま女史を含めて、これの目撃者は世界中に散在しているが、「気象観測の気球の見まちがい」だろうとか、「空に浮く氷の結晶」だとか、或は単なる「幻覚」に違いないといつた疑わしいものを全部除いても、少くもここ三、四年間に、確実に目撃したことをあらゆる証拠を挙げて実証している人物が五人まで出て来ている。年月日や、人物や場所は「空飛ぶ円盤着陸す」その他の書物に詳しく出ているから省くが、この「目撃者」のうち二人までは、金星人または火星人と直接逢つており、手真似や発声による意思疎通はもとより、着陸した円盤を写真に撮つたり、手で触つたりしている。地球人よりは〃遙かに高度の知性と科学知識〃その上、寛

容と優雅を兼ね備えた「理想的人格」で、三度目の実見者であるC・アリンカムは、その著書の中に「時が熟すれば彼等はわれわれの中に入って来て、われわれを平和と発展の道へと導こうと努めるだろう」と述べている。火星・金星への移住や遊学もマンザラの空想でないことが、これで納得されようというものである。

アリランの秘密

さて、話はこれからであるが「空飛ぶ円盤」から投下された宇宙人のメッセージがG・アダムスキーの書物の中に写真版で出ている。高度の知性人、文化人のメッセージにしては少々古風な字体でエジプトあたりの壁画の感じであるが、これについては産経の六月十三日付紙面に北村小松氏が一文を草している。それによると、この「怪文書」——アメリカ始め世界のどの学者も読めないというその宇宙人のメッセージを「解読するためには、韓国の詩人金素雲氏の協力を乞え」と、或る読者から北村氏へ宛てて「忠告の手紙」がもたらされたとある。

日本では寄席の高座あたりで、そろそろ幽霊の出る季節であるが、これはまた狐につままれたような話である。北村氏に電話で確めたところによるとその「読者」は神戸市の商船ビルに事務所を持つ某氏とのこと——。ほどなく北村氏へ宛てられたという手紙も二通ほど見せてもらったが、どうも文面がタダゴトでない。朝鮮民謡の「アリラン」は人類再生

の道を啓示したものであり、「わたしを棄ててゆくきみは、十里もゆかぬに足が痛もう」という歌詞は「真理に背く者は十の理を究めずして自ら崩壊するであろう」という厳かな警告であると解説されている。「アリラン」は「愛」——、足の病は即ち「万病」であるといつたクダリはどこやら出口王仁三郎の口調を思わせ、甚だ私の興味を惹いた。それはさて置き、宇宙人の文字を解読する能力が私にあるという秘密を（これは本人の私自身さえ気づかなかつた大秘密であるが）その人が知つているとは不思議である。一度逢つて、その由来するところを知りたいと思つてるうちに、たまたま九州旅行のついでがあり、神戸へ立寄つて、その人と会見の手筈を電話で打ち合わせた。私は火星人に逢うほどの期待と興味で喫茶店ドン・Qに待機をしたが、約束の時間を一時間過ぎても現われず、同行の石上玄一郎氏と空しく座を起ちながら私たちは呵々一笑したことである。「宇宙人は遂に着陸しなかつたね」と。

（一九五六年七月、産業経済新聞）

民族の日蔭と日向

〝暗行御使〟と李朝の政治

朝鮮の古典文学の中でも「春香伝」だけは日本にも少しは知られている。

春香伝の男主人公李夢竜は「暗行御使」となつて曽ての父の任地に赴き、獄中の春香を救い、悪奉行(府使)を膺懲する。小説だからこの暗行御使は甚だせつかちで、目的地に着いた翌る日にはもう職権を発動している。おまけに、悪奉行退治は附録で、愛人を助け出すという個人的利益が主眼なのだから公明とは言えない。

「暗行御使」は一口に言えば「隠密」であるが、日本の隠密が使命を果したあとで斬られたりするのと違い、こちらは立身出世を確約された明るいものであり、任務を終えたあとでも大手を振つて功績を誇ることができる。二十(はたち)そこそこの若者が択ばれるのも特徴で、官職にある者や、名の知れた人物からは暗行御使は択ばれない。情実を警戒するからである。

登科直後のそうした若い書生が暗行御使に任命されると、疑惑のある地方へ出向き、姿をやつして下男奉公や行商をしながら内情を探索する。一年、二年、ときには三年もかかることがある。確証を握れ

ば立帰つて復命するというのでなく、その場で職権を発動させる。「御牌」というのを肌身離さず携えていて、これを取り出すと一緒に「御使出道ぞ」と呼び立てる。血湧き、肉躍る一瞬である。

この一声で、その管轄地域の行政権、司法権や、官庫、兵馬、交通（駅馬）の一切の機能が御使の手に掌握される。二十そこそこの若造の手で、地方長官は罷免待罪、獄囚は放たれるというのだから、春香伝ならずともこれは痛快である。

一度きりの極く短い期間の権力ではあるが、暗行御使の権能は殆ど絶対的なものである。たとえば王城の南大門で「御使出道」が行われると、宮中の王は一度玉座を降りねばならない。弾劾された被告が王そのものであるかも知れぬという含みである。

こういう制度は、それが封建社会であるだけに一層魅力がある。海の中にも温泉が湧くように、封建の社会にもこういう民主精神は存在していたわけである。

「申聞鼓」というのもその一つで、いずれは大陸からの借り物であろうが、これは世宗王（李朝）の仁政の中に数えられている。寃を訴える者のために王宮の入口につるされた太鼓で、実際に申聞鼓が打ち鳴らされた話はあまり聞かないが、これも民主精神の一つの現われと見てよいだろう。

なにも封建政治を懐しむためにこんな話を書き並べたわけではない。どんな誤つた暗い時代にも、良い制度や精神はあつた。その制度なり精神だけについて言えば、まことに申しぶんのない立派なもので

ある。ただその制度、その精神が、活きた内容を伴わなかつたことに問題がある。暗行御使や申聞鼓があつたからといつて、李朝の政治が民主的だとは誰も考えない。

「平和」だの「共存」だのという言葉が世界の流行語となり、日本でも専ら愛されているが、さてその実質はどんなものか——。地球の上で、平和を希わぬものは一人もないが「平和」のあとへ「攻勢」がつくようなそんな平和では仕方がない。お互い殺し合いをやりながら、「民主だ!」「民主だ!」と両方で同じお題目を呼び立てている。不思議な時代に生れ合わせたものである。

歴史は二つ書かれる

火野葦平氏は「赤い国の旅人」の中で「歴史は二つ書かれるのであろうか」と救いのない疑問を述べている。これは六・二五動乱に関連したくだりであるが（それについては近著「アジアの四等船室」に書いた。）その言葉の意味とは別に、私はやはり人間の歴史は二つ書かれるものと思つている。「幸福な眼」と「不幸の眼」——それは同じ一つの対象を必ずしも同じようには映し出さない。同じ事柄、同じ現象が、見る目によつて、或る人には歓びと映り、或る人には悲しみと映る。——歴史が二つ書かれても不思議はない。

終戦後、再び日本の土を踏んで三年半になるが、この三年半は私にとつて義理にも心愉しい時間ではなかつた。鬼界ガ島の俊寛ではないが、心の中で

は、かさぶたのように、いつも悲哀と苦悩がわだかまつていた。

新宿のあるコーヒー店で、隣りの席にいた行きずりの同胞青年と二た言、三言、口を利き合つた。どこかの大学生で、純真な印象の青年である。「私たちの祖国はどうなるのでしょう。」「希望をつないでもよいのでしようか……。」それに答えようとして口を動かしかけたとたんに、堰を切つたように悲しみがこみ上げて、私は満座の見知らぬ人の中で嗚咽するという醜態を演じた。(なにも私の悲哀が祖国の運命だけに繋がつているというわけではない。もつと複雑な、説明し難いものなのだが——。)

日蔭を見る〝不幸の眼〟

私はそういう「悲しみの眼」「不幸の眼」で日本を見て来た。日本自身に不幸が積み重つているところへ、それを見る私の眼が「不幸の眼」と来てはやり切れたものではない。日向と日蔭があれば、まず先にその日蔭に眼が行く——。意識してそうするわけではないのに、それがあたかも習性のようになつてしまつた。

私は、日本へ着いた直後から「四つの墓」という題目を心に用意していた。過去半生、私が恩誼を荷う三人の先輩と一人の友の墓がこの東京にある。その墓に眠る四人の日本人に私の酬いられるせめてもの方法は、私の貧しい筆を通じて、その忝い恩誼を世に伝えることである。ものを書くたびにそのことを思わぬときはないが、私の目に映る日蔭はあまり

に濃く、心和む日ざしはその日蔭の向うにいつも霞んでしまう。こんどこそ、この次こそ、と思いつゞけながら、いまだにその「四つの墓」は書けないままである。

私には日本を批判する資格はない。私の眼が見たもの——それは日本の半分であつて全貌ではない。

こんど講談社のミリオンブックスに加えてもらつた「アジアの四等船室」の帯へ略歴を書かされたついでに、「日本へのこの種の発言はこれを最後とする」と書き添えた。本来は、も少しくわしく「あとがき」にでもそのことを書くべきであつたが、原稿が手間どつたために、印刷所への気兼ねから二ページのあとがきすら遠慮せねばならぬ仕儀となつた。よんどころなく帯の端に一言だけそのことを書き添えたようなわけである。

わざわざ断わるにも及ばぬことであるが、私は自分の天邪鬼——条性反射に過敏な体質の弱点を知つている。書くまいと思つても、相手さまの出よう次第では、いつなんどきラチもないことを書く気になるかも知れない。こうして、たとえ帯の尻つぽへでも一こと約束しておけば、そうした場合の抑制剤にはなるわけである。

左翼独占の民族良心

「三韓征伐」や「文禄役」を持出して見当違いの大見得を切る「相手さま」はいまも日本にウヨウヨしている。掃いても掃いても、この落葉は掃ききれ

るものではないが、もう一つ考えさせられることは、韓半島への理解や良心が、殆ど進歩陣営に独占されているということである。前掲の私の書物にも「震災の悲劇」を説明するために江口渙、壺井繁治両氏の詩と文章を引用したが、こうした「良心」が左翼だけの専売特許である筈はない。政治意識を差引いた「良心」——、その良心だけが、真の良心、強い良心であると私は信じている。

アルメニア人の虐殺について、サローヤンは同族が敵と目するトルコを弁護した。利害や情実のためではない、彼の良心がそうさせたのである。

一時はそのことで同族の憎悪を買つたが、いまでは、かえつてサローヤンの良心は確認されて、アルメニア人の誇るところとなつたという——。これは斎藤襄治氏から聞いた話である。

主義主張や民族の距てを越えて、この良心だけが人間を結び合わせ、民族の未来を約束する。自分だけは棚に上げた良心、身ビイキの自家用良心では申聞鼓や暗行御使の民主精神と変るところがない。日本の日向には良識もあれば、良心もあるが、願くばその良心が、平和や共存を培うに足る真の「良心」の土壌であるように——。これは私自身の祖国にも同じくかけている希望である。

（一九五六年四月、日本読書新聞）

「自家用良心」を惧れる

― 質問に答えて ―

＜**前書き**＞日本読書新聞には「著者への手紙」という欄があり、同紙に「民族の日蔭と日向」を書いた直後、一読者の質問の手紙を見せられ、それについて返事を書くようにいわれた。質問の主は早大露文科に籍を置く同胞学生で、いまは療養中の人である。主義思想は別として、私はこの学徒を真面目な人と感じた。そこで私も真面目な返事を書いたつもりであるが、枚数を制限されたため、もつと親切に、念をこめて書けなかつたのが、いまだに気がかりである。

〝政治意識抜きの良心〟とは

福山勇大

「読書新聞」四月二十三日付の「民族の日蔭と日向と」を読んで衝動的にペンを執りました。大きな疑問を感じたからです。朝鮮人でありながら日本で生れ育ち、便宜上の故とはいえ、日本名をも持つ私には、先生の編訳になる数冊の詩歌集は、祖国への郷愁と憧憬を豊かな詩情で満たしてくれる貴重な糧

でした。それだけにこの疑問は放置し難いのです。

〃日向と日蔭があれば、まず先にその日蔭に眼が行く〃ことが、〃習性〃となつている、と仰有る先生に、私は三十数年に亘つて祖国を持つことの許されなかつた被圧迫民族の悲劇性を帯びたヒューマニズムを感知します。弱者であつたが故に生ずるこのヒューマニズムはピュアであり尊いものであると思います。しかしこれが先生の場合一種の危険性をはらんでいると思われるのです。好むと好まざるとに拘らず、過去現在を通じて、朝鮮民族への此地に於ける理解ある同情と援助の殆んど全部は、〃進歩陣営〃からのものであつた事実は冷厳であると思います。そしてこれは〃進歩陣営〃が、圧政者と被圧迫者との関係を歴史的本質に於いて把握してのみ示し得る同情、援助であり、一時的気まぐれや、マスターベエションではなかつたのです。他方こうした論理の支えのない人々が私達に寄せてくれた同情の大方は、朝鮮さん、朝鮮の人、半島の方――彼等は、ちようせんじんとは云おうとしなかつた――という奇妙な呼び方で証される、半侮蔑的、支配者的憐愍ではなかつたでしようか。

こうした事実から〃政治意識を差引いた「真の良心」〃という先生の言葉の中に、長い間痛めつけられて来た弱小民族の宿命ともいうべきセンチメンタリズム――アナーキズムに通ずる――を肌寒く感ずるのです。〃主義主張や民族の距てを越えた「良心」〃は抽象的概念であるとしか思われません。

私はコーヒー店での青年のように「私たちの祖国

はどうなるのでしょう」「希望をつないでもいいのでしょうか」とペシミスティックになったり、懐疑したりする前に、現実を見つめその中に希望をつなぎ、着実に行動したいのです。これだけが祖国を愛する唯一の方法ではないでしょうか。（名古屋市昭和区安田通り安田病院内・二十二歳）

☆

福山君に答える前に、私はこういうことをいま考えている――。

キプロス島の二青年の死刑に対する報復として、地下組織のEOKAが二人の英兵の絞首を発表した。けさ（五月十三日）の新聞によると、EOKAの指導者は、キプロス総督の処刑に協力することをギリシヤ人に呼びかけているという。

理非曲直を問うまでもない、私は民主時代と称する二十世紀後半に、なお且つこのような暴力帝国が地球に存在することに言い知れぬ憤りを覚える。報復だけが唯一の手段であるとは考えないが、それにも拘らず、キプロス島民の置かれた立場というものに深い同情を禁じ得ない。

私自身が曾て被圧迫民族の一員であり、いまも弱小国家の国民であるという共感がそうさせるのかも知れないが、しかし私は「歴史的本質」などにそれを結びつけて考えはしない。（怒るべき「味方」もあれば、憎むべき「弱者」もある。）この際、どちらが自由陣営でどちらが進歩陣営か、などと詮議する必要もない。私の憤りの根抵は私の「人間的良

心」——それだけで充分なはずである。この良心が「センチメンタルやアナキズムに通じる」というなら、そのように言わせておいてもよい。

日本における進歩陣営の良心——朝鮮民族への理解や同情が「一時的気まぐれ」だというのではない。私の書物に引用した例えば壺井氏の詩や江口氏の文章のように、それが主義主張よりも「人間性」に立脚したものであるかぎり、同族の一人として満腔の感謝を払うことも敢て私は躊躇しない。

だが、もしもその良心が「圧政者に対する共通の抵抗精神」といった実利的な動機から出たものだというなら話は別である。共通の立場を離れたとき、根がぐらつくようなそんな良心では信用がおけない。相異る立場、相反する利害の上で、なお且つ相手を理解し、尊重する——、その努力、その良心だけが「民族の音差」を調整する。これだけが信じてよいただ一つの「良心」である。

政治はあくまでも一つの手段であつて「人間」そのものではない。まして「人間」以上のものでもない。「さまざまな主義主張」はもとよりあつてよいが、どこまでもそれは、揺ぎのない人間性の上に根をおろした主義主張でありたい。中共から帰つた人の話であるが、先方の国慶日に、戦車が繰り出され、ジエツト機が飛び立つと、日本の左翼議員たちが一斉に拍手を鳴らして称讃したという。日本の再軍備は反対だが中共ならよい——、アメリカの原水爆は憎いが、ソ連の水爆実験には口を拭う——そういう「自家用良心」を私は惧れるのである。

現実を見つめさえすればスグソコに「希望」があるように福山君はいう。希望に到り着くまでには懐疑もあれば苦悩もある。赤と白と——、人間をこの二通りにしか色分けのできない（南北二つながら）そんな国に生れ合わせて苦悩や懐疑がないとしたらそれは「生きた人間」ではない、「規格品」である。

「英明にましますわれらがスターリン大元帥……」日に幾度となく北鮮放送が繰り返えした文句である。（スターリンが批判されたから言うのではない、エリザベス女帝陛下でも、アイク大統領閣下でも話は同じである。）福山君のいう「肌寒い…危険性」はこういう規格精神の中にある。「祖国を愛する」などと言えるのは「生きた人間」だけの権利だと私は信じている。（一九五六年五月、日本読書新聞）

国民感情の末端に巣食うもの

つい十日ばかり前である。大分合同新聞の座談会を済ませて下関へ引返したのが夜の十一時すぎ——五、六軒旅館をたずね回ったがどこも満員だという。Yホテルに一つだけダブルベッドがあいていたが、同行はS君——、野郎二人でダブルベッドも変なものである。壇の浦ならばと、タクシーを走らせる途中で「御旅館」という看板が目についた。

「あそこならキミ、どうだろう」

声をかけたら、運転手が仰せられた。

「このへんは、センジンの宿が多いけん、ウツカリ近寄れマツセン」

乗つている本尊が、そのセンジンとは運さまも気づかなかつたらしい。S君と顔見合せて苦笑したことである。

鳩山さんや石橋さんが何を考えているかが問題ではない。日本人の国民感情の末端に巣食うもの——問題はそこにあるのだが、この際、在留同胞の生活の意識や実態が厳しく照らし出されねばならないのはいうまでもない。不合理とゴマカシから始つた戦前の因縁が尾を引いて、千台のトラクターでも片づけきれぬほど芥（あくた）の山が積み上げられている。縺れ合い、からみ合つたこの悪循環の芥から、ウジ（蛆）が湧き、毒タケ（茸）がはびこる。会談の再開くらいでラチのあく問題ではない。

よその国の扶助料に頼るような極貧層はとにかくとして、現在この日本には一ぱし財閥を気取る「成功者」も少なからぬ数に上つている。日本名を名乗る何紡績をはじめ、何キヤバレー、何ビル社長と関西だけでも十指に余る「えせ日本人」が名を列ねているが、彼等の眼中、ただ「金」あるのみ——。民族の矜持も、威信も、空念仏の犬のクソである。

「ナーニ、経済的な地盤さえできたら、民族問題など、ひとりでに解決しますよ」

彼等の合言葉である。ナチスの強制収容所の記録「夜と霧」の中には、ガスかまどで蒸し殺された犠

牲者を千二百万と数えている。そして、その半数以上がユダヤ人である。世界経済の実権はユダヤ人の掌中にあるといわれた。しかもその財力ですら民族感情を乗り越えることができなかつた——。憐れむべき錯覚である。

コリアン・ライブラリーなどという厄介な荷物を背負いこんだお蔭で、昨年の夏以来、北は北海道から九州一円へかけて、月の半分は汽車の中で暮らすような生活がつづいた。一カ月で八回という講演の記録もつくつた。日によつては、座談会が三つも四つも重なり、ブツ通し十余時間の長広舌——。夜中に目が覚めて、ヒリヒリする咽喉もとに塩水を通しながら、選挙演説の候補者の辛苦を、しみじみ思い知らされたことである。

「お力を貸しましよう」というKレイヨンのO氏の一言から、一度は諦めたことを、また思い立つた次第であるが、日本側だけで発足とあつては「文化交流」の意味をなさず、そこで在留同胞の中から一、二人の協力者を捜し出そう、となつた。一週間もすれば、と思つたことが、三つき、半とし、いまだにその同胞には巡り会えぬままである。

（一九五七年二月、産業経済新聞）

権べエが種まく　カラスがほじくる

権べエが種まきや、カラスがほじくる、三度に一度は追わずばなるまい……。

旅先の、なじみのない夜道を歩きながら、こんな文句を口ずさんでいる自分に気がついて苦笑した。三度に一度では、差引き勘定に合わない、権べエどんの蒔く種はカラスを肥（ふと）らすのがオチだろう。大儀な話だがそれも是非ないではないか。なにしろ権べエは種を蒔く、カラス勘三郎はほじくるのが仕事である。

私のパスポートは行先を「伊太利国」と指定してある。そのイタリーからフランスを抜けて四年前に横浜へたどり着いた。（だから、私の旅券は用済みの抜ガラである。）二カ月滞在の予定が、延期にまた延期で四年――幼稚園にも上らなかった私の娘、飛行場で頬ずりして別れたその娘は、いまは小学三年だという。カナ（ハングル）文字で手紙など書いてよこす。

人間の背負いきれる苦悩の限度というもの――それを私はこの四年間で骨に刻みつけた心地がする。ギリギリの一線――そこから何が洗い出されるか――、お前の地金を、いまこそ見とどけてやろうじ

やないか――。だが私は山中鹿之助じゃない、七難八苦は御免である。

なまなかに言葉や筆では説明のできない、その私の裏側の素顔は、誰に見せたこともない、見せたところでどうなるものでもない。対決の相手は私自身のほかにないのだから――。

ソウルや釜山を往き来している人たちが時折り消息をもたらしてくれる。そこの喫茶店あたりで、よく私のことが話題になるという。

「なぜ帰らないんだろ……」

「帰るわけはないさ。酒あり、女あり、本はモリモリ売れるし、いまごろは祖国の幸（さち）を満喫しているよ……」

「祖国」とは日本のことである。日本が私の祖国だという皮肉なのだが、もとより権べエの種をほじくるカラスどもの妄想である。

私の近著を真っ先に取り上げて書評を書いてくれたのは朝日新聞（東京）である。いつもながらその好意には感謝しているが、そこには二三度も繰返して「内地」という文字があり、「半日本人」とも書かれてある。もとより悪気であろう筈はないが「内地」という言葉が、如何に朝鮮人の心を傷つけるかに気づいていない。日本本土は日本人にとつてこそ「内地」かも知れぬが、われわれの関知するところでない――、そこで、心ある朝鮮人はこの言葉を口にしないのである。

まして、私は「半日本人」ではない。ただ、いささか日本を知るというのみ――。血膿の垂れている祖国ではあるが、そこから私の足が離れれば、私如きの存在は意味を失う――。書いた人の意図が、そんなつもりでないことは百も承知しているが、こんなシャレタ字句一つも、揚足どりの好餌にはなる。「日本の新聞さえ半日本人と折紙をつけているからね」――これは善意のカラスである。

大阪で発行される某韓国系新聞に、明らかに私を目して書かれた「投書」なるものが載った。「指導者よ、引つこめ」というのが主旨で、「三等車の闇米屋風景を書いた」「同胞を誹謗した」――というのがその理由である。ところで、その「三等車の珍問答」という一文（産経時事掲載）は、水野成夫氏が先ごろ朝日新聞へ書いた韓国への非難に対し、一矢報いるために書かれた文章である。（新聞の紙面に載るのはせいぜい三枚半どまりで、一部分に過ぎず、あとで、その全文が「アジアの四等船室」に収録された。なお蛇足ながら、この一文が機縁となつて、水野成夫氏はコリアン・ライブラリーの協賛会員に進んで加わり、いまも毎月会費の払込がつづいている。）

「食うものもない狭い国に数十万の異民族がドツカと腰を下して動かばこそ……」李ラインを侵せば砲撃するという韓国の声明に対する「売り言葉」の「買い言葉」であるが、それについて私の言いぶんは、「一体、混り気なしの純粋な民族などがあるの

だろうか——。混合と移動を繰返しながら〝民族〟ができ上る。古代の日本だつてそうじやありませんか……。」そこで、たまたま乗合わせた三等車の風景に言及して「この、日本語、朝鮮語を一綴りづつゴツチヤに使う「三国人」たちも、そのうちの何割かは日本に土着して、幾世紀後には水野さんのような啖呵を切らないでもないと、そういう気持を、私にしては珍しくユーモラスな調子で書いた。さだめし、同胞陣営から「お役目ゴ苦労でござる」とアイサツの一言もあるかと思いきや、いずくんぞ知らん「同胞を誹謗した」「指導者よ引つこめ」と、後から矢が飛んで来たのである。そそつかしい野郎もあつたもの——、第一私はそんな手合の「指導者」などになつた覚えはない。指導者への敬意は不払い、滞納——、都合のいいときだけ指導者呼ばわりは片腹痛いと申すもの……「おきやがれ」である。

権べエが種まきや、カラスがほじくる……そのカラスは、どうやら日本よりも私の背後に、より多く群がつているようである。三度に一度追つていたのでは間に合いそうにない。権べエも種まきを諦めて、ちよつくら一と休み——土堤に腰を下して、カラスの群る畠ヅラでも眺めるほかはあるまい。

（一九五六年七月）

ないないづくし

地球の火事

関西を旅行していて、たまたま火災予防週間とぶつかり合い、到るところで標語を染めぬいたプラカードやポスターを見かけた。――火の用心、知つてる筈だが忘れてる――消防署の宣伝カーもスピーカーを取りつけて神戸や京都の街を練つている。火事を消すのが消防署の役目かと思つたら、火事を出さないように前もつて気を配るのも消防署の仕事だと改めて思い知らされた。

「予防医学」という言葉は、きょうでは文明社会の常識語となつている。結核なども早期発見に力が注がれている。病（やまい）が出てから手を施すというのでは遅い。出る前に最善を尽して予防する。病が兆（きざし）たら、芽の出ないうちにその病因を摘みとつてしまう――。これが現代医学の理想とされている。

火事や病気は、なにも個人の生活だけに限つたことではない。国と国――、民族と民族の間にもこの災厄は附きまとう。二十世紀に入つてからでも地球は幾十度火事に見舞われたことだろう。そのうちの最も大きな火事はバルカンの一発の銃声から始まつた第一次世界大戦――、この戦争で独逸帝国が倒

れ、世界の地図が色を染めかえた。その次が吾々の記憶に新たな二次大戦で、これは近代兵器の威力のおかげで前大戦に数倍する惨禍を人類にもたらした。

砲声が止み、平和が還つたかと思うと僅か五年後には、その「平和」が韓半島のド真中で打ち砕かれた。三次世界戦の一歩手前で辛くも食い止めたが、その素因となつた三十八度線は依然として健在である。

ヴエトナムがこれに続き、台湾海峡の波が立ち騒ぎ、そしていま吾々の眼前にポーランドやハンガリーの悲劇が血をふいている。スエズ問題に尾をひいたエジプト出兵では英・仏がミソをつけ、株値がだいぶ下つたこと、世界周知の通りである。

在日同胞の立地条件

地球の病、地球の火事をここで論じ立てたところで、どうなるものでもない。これは国連という消防署にお任かせするとして、吾々は、もつと切実な身近の現実に目を向けねばなるまい。決して尊敬し合うことのない二つの民族が、摩擦と相剋を繰返しながらこの日本に雑居している。九千万対六〇万の在留同胞の生活感情の齟齬——この病には国連の予防医学も手が届かない。吾々自身が考えるほかに途はないのである。

一体これでいいのだろうか？——心ある人なら誰しも考えてみたに違いないが、さし当つてこれとい

う名案もないようである。日本の一部の人士の中には「非常にうまくいってるではないか」と楽観説を唱える人がいる。僑胞の中にもこれと同じ意見を持つ人がいる。「そう悪いことばかりでもありませんよ」という。コレラやチブスがはやつても自分だけは罹らないと思うのが人間のあさましさである。

在日僑胞の置かれた政治的立地条件は、いうならば穴の塞がつた下水道のようなものである。停頓した韓日会談は一度糸が切れるとそれつきり——掛け声はしきりにかかるが、肝心の幕はいつかな上らない。

この塞つた下水道からボーフラが湧く、ウジ(蛆)がはびこる。これは単に政治や経済だけの暗礁ではない。日本人の国民感情——「一度はきみたちを支配したんだぞ」という優越感——日本が敗戦の屈辱にまみれ、大怪我の跡始末にのた打ち廻つているその混乱期に、心ない同胞たちの仕打ちによつて培われた憎悪と怨恨——それが国力の回復につれて芽をふき、首をもたげ、戦後十年の今日では、生活感情の隅々にまでその悪循環のシコリが根を下してしまつている。予防医学では間に合わない段階である。

卑近な例になるが、筆者はつい最近、北海道へ旅をした。札幌に着いた翌朝の新聞に、検事夫人が惨殺された事件について五段見出しの記事が載つたがその副題が「容疑者に第三国人」という一号活字である。宿所に来合せた同胞の誰かれが、しきりにその「第三国人」にこだわつた。

——確たる証拠もないのに、最近の出獄者にそれ

らしいのが一人いるというだけで、こんな見出しをつけるとはひどい」

――容疑者が三人もいるのに、まるでこれじゃ「三国人」一人が容疑者みたいにとれるじゃないか」

――せめて〝三国人も〟と書いてもらいたいところだね」

問題は新聞の活字にあるのではない。敏感なジャーナリズムの触角がピントを合わせたところの、日本の国民感情――それをどうするか。

吾々はそれについて何一つ手だてを持っていない。行きあたりバッタリのその日暮しである。六十万の同胞が住むというこの日本に吾々の手でつくる日刊新聞一つがない。祖国の出版物、新聞雑誌を取揃えた図書館一つがない。

〝金〟では解決されぬ

或る同胞実業家が言った。「経済的に、日本人と対等の地盤さえできたら、民族感情など自然に解決されますよ」――果して然りか！

世界の経済実権はユダヤ人の掌中にあるといわれる。そのユダヤ人さえ民族感情の障壁を乗り越えることはできなかった。僑胞の経済力が、もう一つのロックフエラー財閥を築いても、そのことで問題は解決されない。

日本の良識と良心に訴える吾々の誠実な努力――文化への自覚と関心、これだけが民族の威信と誇り

を維持し、両民族間に介在する悪循環を正常の位置に置きかえる只一つの手段である。民族感情の毒素を浄化するにこれ以上のワクチン血清はない。

曰く、人がない。——曰く、金がない。——数千人の同胞学徒が日本にいる。この中に五人や十人の人材がないはずはない。ことゼニ金に至つては論を俟たず、キヤバレー一軒、パチンコ屋一軒の資金でこのワクチンは成就する。ないのは金や人ではない。民族の威信への欽慕と熱意——それが欠けているだけの話である。（一九五七年一月、韓僑通信）

共通の不幸の前で

原爆ヒロシマと「六・二五」動乱と

原爆記念碑の前で

昨年の十一月、はじめて原爆記念碑の前に立つたとき、つい知らずマブタが熱くなつた。原爆の犠牲者のなかには個人的に私と親しかつたという人はない。強いて探せば丸山定夫氏くらいのものであるが、もとよりその瞬間に丸山さんを思い出したわけではない。

一瞬に二十四万人—犠牲という言葉の中でもこれほど惨らしい大きな犠牲はあるまい。怒りとも悲しみとも言いようのない感慨がイナズマのように私の胸底をかすめた。ノーモア・ヒロシマは世界語になつたが、私はまだヒロシマ慣れがしていないのである。

日本の原爆記念碑の前で涙ぐんだと聞いたら、私の祖国の人たちは親日派金素雲のやりそうなことだとせせらうかも知れない。申すもはばかりながら、私はそんなケチな「親日屋」ではない。人間という名の前で種族や国籍が、どれほどの意味に値するというのだ。

六・二五動乱

六・二五動乱——五年前のあの惨禍もおよそ言語に絶する。これは「一瞬」ではなくてジリジリと、北から南へ、南から北へ、ローラーが二度も往復した。シカバネの山が築かれ、血の河が流れた——こんな形容は講釈師の扇を連想して少しも実感を伴わないが、どのように書きつづつたところで、あの地獄相を描出できるものではない。

避難の途中、産気づいた若妻を路傍に置きざりにした夫——、背中の赤児が息絶えたのを二日も気づかずにいた母親——、陸軍病院（釜山）のコンクリートの廊下に、ギツシリ足の踏み場もないまでに横たえられた傷兵たち——そのまくら元にはスズのサラにおカユとサジが置かれてあるが、そのサジを取ろうにも両手がない「看護婦さーん、看護婦さー

ん、食べさせてくださいよウ」——さつきから血の出るような声で哀願をつづけているが看護婦たちもそこまでは手が回らない。

こういう地獄図絵が二年も続いた。ニュース映画が伝えるものは都市や村落の破壊相であるが、人道や信義の壊滅はカメラでは撮れまい。六・二五動乱によつて韓半島の受けた傷痕がどのようなものであるかを具体的に理解する人は、この日本には一人もいない。

しかも意地悪い言い方をすれば、その隣人の不幸によつて日本の経済界は活気づき、弾丸道路や新丸ビルが完工した。その不幸を日本が望んだはずはないが、結果から見ればそういうことになつたのである。韓国の不幸は韓国自体に課せられた歴史の苦難であつて、日本のせいではあるまい。原爆の悲惨があたかも日本自身の悲惨であるように——。理屈はそうに違いないが、しかし、それで片づけられてよいものだろうか——。

韓国は日本を憎めという。日本は財産権を請求するという。どちらもどちら、まことに見上げたお国柄である。これほどの生々しい現実、歴史の共通の不幸さえが、彼らを済度するには足りないというのだろうか。

もう一度希望を

きのうのこと、二度目に立ち寄つた広島で、旧正月を祝う同胞たちの宴席に招かれた。「お仕事は

?」とたずねると「ユーギ業」だという。ユーギが「遊技」であり、すなわちパチンコ屋のことだと理解するに二、三秒かかつた。次もそのまた次もユーギ、ユーギである。五、六人目で私はたずねることをやめた。

「もう少し、やさしく書いてくださいよ、センセーの本はどうもむずかしくて——」

中の一人がいう。利いたふうなセリフである。平ガナだけで書いたところで彼等が読むことではない。彼等の眼中ただ金あるのみ——、民族のキン持も誇りも、路傍のクソツかけである。三十年の私の説法も、この人たちにとつてはアホダラ経に過ぎない。「やさしく書け」もないもんである。

その同じ日C新聞の紺野氏に会う。「恥ずかしい話ですが、あの晩会場のすみにいて、私は涙があふれて困りました」——。私を迎えてくれた去年の初冬のお話である。目を輝かし、或はハンカチで目頭を押えながら私の話に聞き入つたあの夜の人たち——、わけても広島女子大の学生たちの熱意には心打たれるものがあつた。同胞たちの生活にほとんど絶望しかけているササクレ立つた神経に、広島の印象は救いであつた。

気を取り直して私はもう一度希望を持つ。日本にも自分の祖国にも——。政治に先行する「人間」——、その人間の勝利が、いつかは成就する日を夢みながら——。

（一九五七年二月、中国新聞）

「不聞人世喧」

劉生の軸

二、三日泊つている神戸の宿に、岸田劉生の軸がかかつている。神戸美術館の展覧会に貸出して、返つて来たばかりだという。

不聞人世喧　自得山中趣

タテ長の山水画に、肉太のカツ達な字で賛が入つている。

「白樺」の表紙以来、欽慕おかざるところの岸田劉生。その劉生画伯に私は最初の本の装丁をお願いした。昭和四年——ツエツペリン飛行船が日本の空を訪れたその年である。これは木版手刷り六度という手のこんだものであつたが、本がまだ刷り上らぬうちに岸田画伯は満州旅行の帰途山口県下で急逝され、はからずもこれが「劉生装丁」の最後となつた。また白秋先生から心をこめた序文をいただいたのもこの本である。その序文の終りは「私の祝福もこの金素雲の名の上に投ずる一握の花束であるにすぎない」と、晴れがましい華やかな言葉で結ばれている。

白秋先生からは、このような過分な祝辞をいただいたが、爾後三十年、私の人生行路は義理にも「華

やか」なものではなかつた。一瞬といえども私の念頭から郷土が離れたことはなかつたが、その郷土はいうならば薄情な恋人のようなものである。正直にいつて、苦悩や悲哀以外の報酬を、かつて私は自分の郷土から支払われたことがない。

笞（しもと）も愉し

民族の自負を振りかざして一途に気負い立つた三十年——その過半生を省て、一切がむなしく思われるきようこの頃、心に浮ぶのは春園李光洙の詩の一節である。

御身（おみ）に捧ぐるは歓びなり
つゆ惜しからじ
ゆえにしてわれは布施を学び得たり。

御身に見するとて夜もすがら
浄め粧へるこころ
ゆえにしてわれは持戒を学び得たり。

御身より来れるものは
笞（しもと）も愉し
ゆえにしてわれは忍辱を学び得たり。

あまたある世の人のうち
わが恋うるは御身一人なる
ゆえにしてわれは精進を学び得たり。

…………

いまぞ知る御身こそは
われに波羅蜜を知らしめむとて
うつそみの世に現じたる御仏なるを。

相聞の形をとつているが、ここでいう「御身」とは「民族」や「祖国」を指した言葉である。この他にも八篇ほど私の手で訳された李光洙の同型の詩が「朝鮮詩集」の中にある。かつては民族魂の象徴のごとくに仰がれた人――、太平洋戦のさ中には軍部の圧力に組みひしがれて、民族の裏切者とののしられた人――、いまは「六・二五」動乱の折、北鮮に連行されて、生死をさえ知るよしのない人である。

「御身より来れるものは咎も愉し……」そのしもとの下に身を横たえた人の、信仰にも似たこの「民族」への祈り――薄情な恋人だなどという私は、まだまだ惚れようが足りないのであろう。

「人世の喧を聞かず……」劉生の山水画に見入りながら思う。しよせん、これは私などには縁のない仙人の寝言である。すでにして汚辱に身をさらしたからは「人世の喧」のただ中で、しもとを愉しまずばなるまいと。（一九五六年七月、共同通信）

偏見という名の鬼

——三つの投書をめぐつて

＜前書き＞大分大学の安部一郎氏から、手紙に添えて三枚の新聞切抜きが送られた。いずれも西日本新聞に載つたもので、日本に育つた一人の同胞女性が民族的偏見に阻まれて学校を出ても就職ができない——その悩みを訴えたに対して、中年の或る日本女性が、長崎の原爆の日を追想して「血まみれで倒れている自分たち親子を助け起して救護所まで運んでくれたのは、通りがかりの二人の朝鮮人であつたこと、その恩誼のゆえに今日自分は生きている」という感謝をこめた投書が数日後に載つた。それにつづいて、もう一人の同胞女性が「私も朝鮮人」という一文を寄せて、偏見に挫けず、強く生きてゆこうと励ましている。近ごろ心温まるエピソードであるが、安部兄からこの切抜きを送られる二、三日前に、じつは西日本紙からこの三つの投書の概略と一緒に、それについて何か書けと申送つて来たばかりである。三、四日後に次の一文を書いて責を果したが、いつものことながら指定の枚数では書ききれず、私の言いたいことは、まだまだ残つている。

例えば、タバコケース一つ、ハンドバッグ一つ

にも抱くところの個々の優越感というもの——それと民族感情の繋りはどうか。また、郷土文学というもの——、土地の民謡や、方言で書かれた詩や小説を、吾々は賞美し、なつかしむが、この郷土の個性の中に、じつは他を理解することを妨げる偏見の素因が伏在してはいないか……。反語風にいうならば、偏見こそは人間世界にとつて一種の「必要悪」とはいえまいか……。こうした雑多な問題である。

三枚半で書ききれる内容ではないので、それは諦めたが、新聞社が私に期待したのは、或はこうした分析めいた事柄ではなかつたかも知れぬ。しかし、人間の持つ「偏見」という鬼と、殆ど生涯をかけて戦つた私としては（少し大仰な言いようだが）抽象的な慰撫や諦観ではあき足らず、一体、偏見の正体は何であろうか、という本質の問題に触れざるを得ないのである。

☆

私は幼少年期を南朝鮮の釜山に育つた。地理的にも日本に一番近い土地であり、いきおい日本人の優越意識を、見せつけられる機会も多かつた。私の眼が、とかく日本に対して批判的になる下地は、幼くからすでに培われていたように思う。

やがてそれが日本での生活に引継がれたが、如何せん、他に比較の資料がないので「偏見という名の鬼」を日本人だけのものと決めこんでいた。

人生行路の半ばを過ぎて、いまにして思うのであ

るが、この鬼はどうやら日本人の専有ではなくて、人間の心の奥に根をおろした仕末におえぬ業病のようである。

アメリカのように高度の文明を誇る国でさえ、黒人問題では絶えずトラブルを繰りかえしている。台湾での今度の事故などはなにも驚くにはあたらないので、米本土では、白人の女性を路上で振り返ったというだけで、黒人をシバリ首にしたりする。リンカーンの平等精神を法律はウタつているが、法律の条文くらいで歯の立つ「鬼」ではない。

スペイン生れのピカソや日本人のフジタを受け容れるフランスである。ここには偏見はないかというに、なかなかどうして、フランスにもこの「鬼」は健在である。仏領アフリカの富裕層——ちぢれ毛の皮膚の黒いダイヤモンド族はパリにも大勢いるが、私は一度も彼等がキヤフエのテーブルでフランス人と席をともにするのを見たことがない。アメリカの黒人がそうであるように、パリのアフリカ人も気の抜けた物悲しげな眼差しをしている。もつとも、私が十年もフランスにいて、統計をとつたわけではないが、英国やフランスが彼等の植民地でどのように振舞つているかは、地中海、印度洋の船旅で充分に拝見した。紳士道の本家をもつて任ずる英国や、文化芸術のメッカと称するフランスでさえがそうである。原住民に対する彼等の優越感は、いつそ無邪気なまでに素朴でムキ出しだ。

さて、私の国は、地理条件や歴史の不幸から、久しい間、強国の下風に立つて辛酸を嘗めた民族であ

る。偏見の鬼はここにはないかというに、じつはそうではない。たとえば本土人の済州島人に対する優越意識——、それはイタリア人がシシリー島人を見る目と全く変らない。知人のS君は京大哲学を卒業した一応の知識人であるが、彼が済州島出身であるために、恋愛結婚をした彼の細君は、子供が二人になつたいまでも里親の前では頭が上らないそうである。なんともバカらしい話であるが、これが人間の心に巣食う「偏見」の実体である。

西日本紙に寄せられた三人の女性の投稿を読んで私も感動したが、目を閉じてウツトリしていては、せつかくのこの火種が消えてしまいそうな気がする。それほど吾々の日常は目まぐるしく、偏見の鬼は根強いのである。人間の知恵から原水爆が生れ、放射能除けの帽子カバーやビニールの井戸の覆いが登場する仕儀となつたが、科学のおかげで人間の平均寿命が二十年延びたところで、月世界への旅行が可能であつたところで、それが本質的に人間の幸福とどう繋がるのかと問いたい。そろそろ知恵の切替えをしてもよい時期である。

一人一人が桃太郎になつて、「鬼ケ島」を征伐すること——、これが今後の世界での、人間の知恵の向けどころである。教育や文明だけではアテにならない。そのもう一つ奥にあるもの——、人間性の自覚——、その良識だけがたのみになるキビダンゴである。

（一九五七年六月、西日本新聞）

朝鮮の民族詩について

—小野十三郎氏対談—

日本という名の汽車

小野　ぼくらの同時代の詩人は若いころ大てい金さんとお会いしていますね。

金　どうも一向にろくな仕事らしい仕事をしておりませんので……ただ岩波文庫の古い読者の中には私を六十歳位に考えている人がいるようですよ。会うと、まさかというような顔をしますがね。

小野　ぼくだけに限らず、日本の詩人たちは朝鮮の詩というものは金さんを通じてしか知らないですからね。いつたいに朝鮮の今日の文化、文学とはなんだかなじみが薄い。そのくせフランスの詩などはフランス人以上に知つているかも知れない。

金　それは、フランスやアメリカは汽車だからです。日本人は乗客、その汽車に乗り遅れないためにかけつける。切符を買つてホームで立ちつくして、汽車に乗る。ところが、新文化に遅刻したために朝鮮というものは、日本にとつて汽車じやない。逆に朝鮮が乗客で、日本が汽車です。これは非常に損な話ですが、煎じつめれば私たちの全般の責任ですね。明治維新前後までは日本と朝鮮は大体同じコンデイションでしたが、一方は急速度に新しい文明を

取入れ、一方は逆に鎖国政策のもとにおかれた。これが運命の岐れ路みたいなもんです。そのために韓国がこうむつた損失は非常なもんです。かりに、その時に状態が逆になつていたら、韓国はやはり日本にとつてアメリカやヨーロツパと同じ汽車の立場になつていたかも知れない。残念ながらいましばらく、日本を汽車と思わなくてはならない。だから朝鮮人の私が、「これが私どもの新しい現代詩でございます」「これが民謡でございます」と取りそろえてお目にかけるのは義務みたいなもんです。日本人が朝鮮語を習つて「朝鮮詩集」を編訳する——そんなことは当分の間、望めそうもない。

小野　金さんが訳されて岩波文庫から出された朝鮮民謡選ですね。あれはやはりぼくらが朝鮮の詩を知る誰一の手がかりみたいなもんですよ。

金　ほんのサンプルです。

小野　最近、金さんが岩波の「文学」六月号に書いておられましたが、藤間生大さんの「民族の詩について——。」

金　どうも感情が出ましてね。書いただけにして活字にしなければいいが……、しかし一度はだれかがそれをいわなければならないと思うのです。

小野　あれをよんで、朝鮮の民謡や詩を正しく日本の人に理解させたいという金さんの気持はよく判りました。

金　私のつもりでは雑巾バケツ片手に月給なしの雑役夫だという気持なのですが、同胞の中にはそれの理解できない人もいるようです。ときに、楽屋の

方から飛んでくる毒矢もありましてね、こいつは命とりですよ。

小野 大阪に「ジンダレ」という朝鮮の詩人の集団がありますが、これは日本での朝鮮の詩人の一番大きい集団と思いますが、やっぱりいま金さんがおつしやつたように非常に悩みがある。本国からの批判ですね。

熱病の痕跡

金 このことを申し上げたのは一つの前置詞なんですが、そういう失望の壁にぶつかつた時、私は李光洙さんの詩を思い出すのです。あの人は私より百倍も民族と密接なつながりがあり、同じく百倍も同胞から石のツブテを投げられた人です。軍司令部の銃劍でいや応なしにねじ伏せられた。無理強いされると、留学生の学徒出兵のため、それをすすめに東京までやつて来た。しかしこれは非常に違うので、たとえば熱病を病む、天然痘を民族全体が患つて、瀕死の重症に呻吟して、さてなおつたけれども、ホウソウのあとは残ります。みんな一緒に病んだ熱病なんです。その中でだれかは受難者でなくてはならない。だれかはカレーの市民でなければならなかつた。日本の支配期は朝鮮民族にとつて熱病を病んだ時期です。李光洙さんは熱病の痕跡だと思う。あの人ばかりをとがめ立てて、あたかも手前たちは清浄潔白な愛国者ヅラをする——コツケイな話です。

小野 李光洙さんの立場は、ある意味で日本の詩

人高村光太郎氏に似ているのではないでしょうか。詩人の戦争責任者の問題として。

金　高村さんは、晩年は一応高村さんとしての権威を回復しました。朝鮮民族はその面では、点がカラい。おそらく李光洙さんが無事に京城にいたとしても、高村さんの十分の一も権威は回復出来なかつただろうと思う。死なきやそれは復権が出来ない。朝鮮民族は死んだ人には非常に寛大で、生きている人には非常に過酷です。

小野　李光洙さんの詩そのものをよく知りませんので残念ですが。

金　真つ暗な壁にぶつかつた時に、近ごろ私は李光洙の詩を一つ、座右銘のようにしてそらんじています。「御身」(おみ)という詩です。御身は朝鮮語では恋人のこと、王様から下々は長屋のおかみさんまで使う言葉です。この詩では、民族、郷土のことをいつているので、ただの恋人ではないのです。(註、「御身」の引用は、四四ページ前出)この詩を読むだけで、李光洙さんに恥じる気がします。

小野　観念だけが先行している詩は信用できないが、イデオロギーが生活感情にとけ込んでいる人の詩というものは立場が違つても必ずフツと打つてくるものがありますね。

感情疎通の広場

金　先だつて東京での詩人の講演会の時に、とつさにしやべれということで、こういうことを話した

のですが、あとで気がつくと我ながら大変立派なことをいつたと思いましたね。（笑声）たとえば政治意識が先行するような民族同士の理解や友情は信用がおけないというのが私の持論ですが、それじやどこへおくか、どういう友情、どういう理解において信用するか——。ここで言葉を切つて、ぼくは詩というもののあり方、考え方をちよつと話してみました。大体詩人が尊敬されたのは昔のこと、いまでは詩人以外に詩を読む人はあまりいない。ジヤーナリズムが詩を虐待すると憤慨する詩人がいるが、それは憤慨する方もいけない。クソ面白くもないものが詩だと相場が決つているし、そのクソ面白くもない詩を書いて、「おれは詩人だ」と威張つてみたところで、お米や家賃をただにしてくれるわけでもない。それだのになぜあとからあとから詩人が続くのか……。私の国にも詩人が過剰です。日本もお見受けするところ、マイクでものをいわなくちやならんほどここに集つている。恐らくあなた方も全部詩人だろうと思う。さて何にしても、つぶしのきかない、現世利益にあずかる点のない詩なんていうものをどうしてこんなに作りたがるのか。それは、赤ん坊が生れながらに一つの欲求をもつように、何か必然的な欲求につながつているからではないだろうか。詩を感じたい、詩を表わしたいという本然の気持……、これは強いられたり、つくろわれたりしたものじやない。もつと根強い人間の本然の感情だと思う。政治家はうそをつく、よろしい。商人はうそをつく、よろしい。一番うそをつかない、あるいはうそをつい

ても人間を傷つけるうそをつかない詩人という世界がここにあるとしたら、それこそは最も手近かな二つの隣人の感情を疏通させる広場ではないか——。これ以上、信用のおける広場がどこにある……と、だいたいこんな話をしたのですが——。

移したい〝詩の運動〟

小野 金さん、ぼくはね、詩というものは、ほかの芸術のジヤンルと比べてイデオロキーを無視はしないが、それが反映している姿が演劇などと非常に違うと思うんです。踊りやなんかでも。平和をテーマにするとすぐハトを飛ばすということになりますが、詩の場合、そうはいかない。詩が平和をうたつてもすぐかんたんにハトのイメージに結びつかない。その中で、もっと詩人自身の内部的な問題、そこから生れてくるイメージがダブらなければ強い詩にならない。

金 つまり規格品としての詩人はあり得ない。

小野 詩は反映のしかたは遅いが深いのです。

金 小野さん、ぼくはかねてからの念願なんですが、五十歳から童話と抒情詩だけを書くと決めています。あと一年半ありますが、再来年あたり韓国から小野さんあてにあなたの読めない抒情詩集をおくるかも知れない（笑声）

小野 ぼくなんか五十になつて詩を書きたいという人こそ本物の詩人だと思う。中野重治が「おれも五十になつたから本当の詩を書きたい」といつてい

ましたよ。

金　いま小野さんが大阪でやつておられる勤労者たちをリードされている詩の運動などというものは、非常に実質的ないい仕事だと思います。出来れば自分の祖国へも移し植えたいと思つています。政治的な意識など引出しにしまつておいて、働く人のためにその人たちに詩を与えることですね。

小野　書くという営みと、書かれた結果、つまり作品の客観的な価値とは別ですね。ものを書くことに一つの大きな意味がある、とともに書かれたものが詩としてどれほどすぐれているか、沢山の人間の感情をどれほど組織する力をもつているか、それはぼくもかんじんなことだと思う。しかし、たとえば文学学校の運動にしても、やつぱり職場の人たちといろいろ話し合うということは、そこまでいかない。それより前に書くといういとなみが問題になる。指導といえばその範囲の指導しか出来ない。ほんとうに詩の指導、文学の指導なんてなかなかできるものではありません。

朝鮮には、たとえば日本の現代詩という概念に相当すべき詩があるのですか。音楽性よりも思考のイメージを重視するような詩ですね。

金　いま、なかなかあなどり難いたくましい詩人が出ていますよ。朝鮮語の成立ちは、むしろ日本語より深くて複雑です。不幸な歴史が繰返されてきて、しかも文化がちようど暖流と寒流がぶつかり合うところ、これは詩人にならざるを得ませんよ。そこから金素雲などというミステイクが飛び出してき

たりする。（笑声）

小野　ぼくら、朝鮮の詩というとなんだかすぐ民族的哀調を感ずる。つまりアリランですね。そういうものが朝鮮のものだという先入観がある。

金　そういうふうに見られて来たようですが、いまは全く違う。その新しい面を理解してもらわないと私の役目がすまないのですが、後から来る若い人のためにその半分は残しておきたいと思います。

（一九五六年八月、読売新聞）

＜**追記**＞この対談は、もつと長かつたが、紙面には、ほぼ半量（八段全面）が掲載され、ここではさらにその半分ほどを抄録した。小野氏並びに、読者諸氏の御諒恕を得たい。

臆測と独断の迷路

藤間生大氏の「民族の詩」について

1

この一文を草する前に、私はもう一度「ドグマ」という言葉を辞典について調べなおした。

「……推理や批判を拒否し、そのまま絶対のものとして受け入れることを要求する命題をいう。主観的判断に固執すること……。」

もう一つの辞典では、

「……しかも独断の特徴は、それが非常に力をこめて主張される点である。力をもたぬ独断は一笑に附され、力をもった独断は他人に迷惑をかける。」

以上の定義が誤りでないとすれば、私はここで「ドグマ」という言葉を安心して用いてもよさそうである。

朝鮮の詩と詩人について一人の歴史家の手でなされた荒唐無稽な臆測と独断——しかもそれは朝鮮民族への悪意からなされたものでなく、善意のヴエールを纒うがゆえに、その是正と解明に一層の困難を感ずるのである。

「民族の詩」という東大新書の一冊がいま私の机の上にある。(昭和三十年二月発行)。著者は藤間生大氏で、日本の進歩陣営では信用の厚い人だと聞いている。この書物の主要な内容は「ふるさとの詩」なる中扉の下に収められた四章——「朝鮮の詩と日本の詩」「ある詩人の生涯」「民族的表現」ほか一章で、いずれも朝鮮の詩と詩人についての論稿であり「ある詩人」の生涯は「朝鮮民族の裏切り者」春園李光洙について書かれたものである。これらを一括した「ふるさとの詩」は、同書の本文一八四ページ中一三九ページを占めている。

昭和二十九年の春ごろかと記憶する。私は未知の人から一通の書面を受取つた。朝鮮の詩についてたずねたいことがあるから都合のよい日時と場所を知らせてほしいという文面である。折返し返事を出し、数日後に私の指定した有楽町のレストランでその人と対座した。——それが藤間生大氏である。

「朝鮮詩集」の編訳者が、その朝鮮の詩についてたずねたいという人を拒む理由はない。私はその人を賓客の礼をもつて遇し、朝鮮詩人の誰彼について問われるままに説明した。その人は大学ノートを取り出して、しきりに書き込みをしていたが、正直のところ、その質問の目安が、どのようなところにあるか、私には皆目呑み込めなかつた。初対面の人から絡脈のない跳び跳びの質問をいきなり出されたところで短時間で充分な答のできるわけもない。私の説明というのも甚だ散漫で抽象的なものではあつたが、私としては、なるべく印象的に、立体的に、相

手に理解してもらうために、でき得るかぎり範囲を狭くして、問われた人たちの私的生活の断面やエピソードのようなものを話すようにした。（多くを知るよりも少く正しく理解してもらいたかつたから——。）

その藤間氏から間もなく「日本民族の形成」（岩波書店発行）という立派な自著が送られ、一、二カ月後に重ねて三冊の雑誌が郵送された。「日本文学」（三の六・七）二冊と、「文学」（二二の七）一冊である。いずれも藤間氏の論稿の掲載誌で「ふるさとの詩」に加えられた次の四章中の二と三がそれである。

一、朝鮮の詩と日本の詩。（旧題名「ふるさと」）「日本文学」三の三。一九五四年三月号

二、ある詩人の生涯。「日本文学」三の六•七。一九五四年六—七月号

三、民族的表現。（旧題名「詩と民謡」）「文学」二二の七。一九五四年七月号

四、「日本時事詩集」「叛乱軍」について。「歴史評論」五の一。一九五一年一月号

さて、送られた雑誌を一読して私は名状し難い異様な気分に襲われた。いうならば一種の呼吸困難である。峨々たるアルプスならば越えようもあるものを、これは殆ど足の踏み場もないほどのドグマの泥濘である。しかもその筆者の意識の根柢には好意らしきものが土台となつており、そこに引用された詩や民謡は、殆どが私自身の手で訳出されたものである。（私は自分の訳詩が、こういうふうに役立てら

れたのを見て身の竦む思いがした。)

「日本文学」と「文学」に書かれた二つの題目は、明らかに私と会つた以後に書かれたものであるが、私の説明しようとした個所は殆どここには現われていない。藤間氏は書くべきことを予め決めていて、その既定事項の上に私の意見をも補足しようとした——その「補足」にすら役立たなかつたので、私の説明は全部没にしたという形である。

それらの題目を集めて「民族の詩」という単行本にまとめられている。(二つの中扉の後半は「民族の歴史をになうもの」となつているが、この一文とは係わりがない。)この著者である藤間氏は、年齢からいつても、また「信用ある歴史学者」というその地位から見ても、私如きの発言が、この人の考え方を変えられるとは思えない。一個人の藤間氏に関するかぎり黙つて見過せぬわけではないが、しかし、ここには藤間氏その人を差措くとしても尚幾つか後に残る問題がある。

その一 ただに詩とは限らず、朝鮮文化そのものに対して日本はすこぶる冷淡である。まして、現代詩や民族の詩心が論ぜられるなどというのは暁の星より稀なことである。そこへこういう題目が取り上げられた。それを読んだ読者は限られた少数の人たちであつたかも知れないが、その読者たちに及ぼした混迷というものは、なかなかに侮り難いものであつたに相違ない。

その二 それが掲載されてすでに二カ年を経過した。誰もそのミステークを指摘した者がないという

ことは、その誤謬(善意であれ、悪意であれ、)が公認され、確定された如き印象を与えはしないか？(筆者自身と少数の関心ある読者に)——これは今後の、第二、第三の誤謬を招く素因ともなりかねない。

その三　進歩陣営の名ある歴史家の論調がこのようなものだとすると、当人に対してはもとよりであるが、今後、一切の進歩陣営の言説を私は信用できなくなる。主義主張の相異は別として、尠くも私は彼等を「真摯」で「頭のよい人たち」と信じていた。こういうドグマが大手を振つて通るところを見ると、私のこの「買いかぶり」は修正されねばならなくなる。「過大評価」が修正されるのはよいとしてそのために「過少評価」の先入主ができても困る。

2

「朝鮮の詩の一端を、われわれは許南麒の作品によつて知つた。驚きと羨望はわれわれをとらえた。しかし、朝鮮人に対する慚愧の念は一層つよくわれわれをとらえた。われわれの朝鮮に対する関心は急速にたかまり、朝鮮人を見るわれわれの目は急速にただされて行つた。こうした時に一九五三年(昭和二八年)出版された金素雲訳編の「朝鮮詩集」(創元社版)を見た。本書に対して心を打たれた私は、なんらかの形でノートをとりたいと思うようになつた。しかし、詩について、全くの素人である私が、特に朝鮮の詩は全く知らない私がノートにせよ書くということは笑いものではあ

ろう。しかし、このむこうみずなことを私にやらせるほど、金素雲の訳を通してではあるが「朝鮮詩集」の魅力は大きかったのである。今後いろいろな点についてノートして行きたいのであるが、小稿では〃ふるさと〃について書いてみた。」——

これが開巻第一ページ「ふるさとの歌」の書出しである。藤間氏は、このような「好意」を基にして「混迷」と「泥濘」の地図を描き上げた。能うことならば「好意」だけを素直に受取って、その余の「誤謬」には目をつむりたいところである。世の中には悪意の敵すら充満している。このような好意の過誤を一々咎め立てたりすることは心ない仕業かも知れない。

しかしながら、悪意の敵は敵なるがゆえにいつかは対決の日もある。怖いのは、それよりもこういう「善意」のドグマである。

藤間氏は、この書出しにつづいて「朝鮮詩集」から異河潤の詩一篇を先ず引用している。

無縁塚

北門の
道の傍《かたへ》に草生へる
無縁仏の
塚一つ。
さすらひの
旅ゆく人が足とめて
塚のほとりに

憩ひしが

国道の
拓かれてよりかの塚の
押し潰《くづ》されて
跡もなく

塚の上《へ》に
蔽へる土や苔草の
道に食《は》まれて
はかなしや

こころなき
人に踏まれて過ぎし日の

うたに噎《むせ》ぶや
昨《きそ》の塚、

主《あるじ》なき
無縁仏の塚ありて
旅ゆく人の
憩ひしが。

じつさいに引用されてあるのは、前三節と最後の一節であるが、この詩の成り立ちを知ってもらうためにここでは全節を引き移した。

「道の傍《かたへ》に草生《お》へる——」「蔽へる土や苔草の——」と断わつてあるに拘らず、藤間氏の解説によると、これは小石を積み重ねた「幼児」乃至は「伝染

病で死にたえた」者を葬る「磧塚《かわらづか》」となつている。

「——無縁仏は朝鮮の村落なら、どこの村でもある。時とすると一つの村で二つも三つもあることもある。それは村はずれ百五、六十米ばかりの道ぞいの所にあるのが普通である。幼児の遺骸はこうした所に埋葬される。……また伝染病などで一家全部死にたえた人々もこの無縁塚にほうむられ、故郷から出て行つた生死不明の人も、同じくこの無縁塚にほうむられるのが習慣となつていた。これらの人々を埋葬した塚のそばを通るとき、村人や旅人は、小石をその塚の上になげて行くのが、これまた朝鮮の習慣となつていた。……こうした習慣は、埋葬された死者の霊のたたりを恐れる供養の気持からおこつたものであろうが、また一説には、次のようにいう人もある。キツネやタヌキのたぐいの獣の多い朝鮮ではそうしたキツネタヌキのために塚という塚はとかくあらされがちで、中にある人間の死体が喰われるのが常である。石で塚の上をおおつておけば、獣のたぐいは手のほどこしようがなくなる。遺骸は安心して眠ることができるわけである。」……

たしかにそのような「磧塚」もないわけではないが、藤間氏のこのウンチクは、この「無縁塚」なる詩とは何の係わりもない。いかに朝鮮人なればとて、死体がのぞくかも知れないような、そんな磧塚のほとりに「憩ひ」はしない。また、この少し古風な抒情詩に歌われている「塚」は、幽気ただようそのような無気味な塚でもない。

ふつくらと土の盛り上つた——その上に芝草の生えている古塚をいうのである。

「磧塚」を朝鮮語では「墓」とは呼ばない。「ムドム」「メ」——墓の成語に二つあるが、磧塚（ドルケジヤング）はそのどちらにも属しないのである。

何等の悪意ではなしに、藤間氏はこのような誤謬の上から論理を押し進めてゆく。一度「石の塚」と決めると、こんどは「岩質の土地が多く……小石の多い朝鮮の道を歩む旅人にとつて、石でおおわれた無縁塚は、旅のつかれを休む一時の憩い場所として、心のおけない所」となる。（「小石の多い道」と「石でおおわれた無縁塚」が一足跳びに「石」で結ばれて「心のおけない所」となる式の三段論法は、殆どこの書物に無数に出てくるロジツクである。）

その次が「村を出た人を死人あつかいにして無縁塚にほうむるほど、朝鮮の村の人は外との接触がない。——村の封鎖性——他郷の人への白眼視——日本統治時代の文盲とその統計——文化の発達と産業の隆盛——、あげくの果てが「日本帝国主義が朝鮮において行つてきた「開化政策」がどんな成果をもたらしたかは……」と展開してゆく。

一篇の抒情詩の、若干のペーソス、いささかのノスタルヂアが一、二ページのあとでは「日本帝国主義」とつながりを持つから不思議である。ここには殆ど「であろうか」という疑問詞はない。すべてが断定によつて「であつた。」「である。」と言い切られるが、その断定も、じつは「思い違い」や「独断」に基いており、やがてはどこかで「悪虐残忍な日本

帝国主義の植民地統治――」（六二ページ）や「日本帝国主義の弾圧は――」（六三ページ）と結びつくことになる。日本の帝国主義を憎むのは甚だ結構なことであるが、朝鮮の詩という詩を悉くそれに結びつけるような「憎み方」はいただけない。帝国主義を討つべき理由は、ほかに、いくらも見出せる筈である。

次に引用された詩は、同じく「朝鮮詩集」の朴竜喆の詩である。

ふるさとを恋ひて何せむ

ふるさとを恋ひて何せむ
血縁《ちすじ》絶え　吾家の失せて
夕鴉ひとり啼くらむ
村井戸も遷されたらむ。

をさな夢　母の墓辺に
とどめてぞさすらひ流る
浮雲の十年《ととせ》はるかよ
ふるさとを恋ひて何せむ。

かの空に描きても見む
新しき希望《のぞみ》、歓び、
想ひ出は散りしく花の
吹けよ風　憩ひなき身に。

はかなしや　ふるさとの夢
いまははた　踏みしだかれて

契りつつ　人に堰かれし
初恋のせつなさに似る

この詩も、あとさき一節ずつで、中二節は省略されているが、ここでは全章をあげておいた。
この詩の主題は「村井戸」でも「初恋」でもないが、藤間氏の力点とするところはこの二つとなつている。

「——村井戸がうつされるということは、村のくらしに大変な事件が起つたことを、ものがたるものといわなければならない。村井戸というものは、それほど重大な意味を朝鮮の人に対してもつているのである。なぜか。朝鮮の治水がわるいのは有名な話である。ハゲ山が多く、降つた雨は、ただちに石や土をころがして川にながれこんでくる。朝鮮の人々は、このため洪水を心配して、自分の村を山よりの小高い所を選んでつくる。しかし、こうした所には岩が多いため、飲み水をとるための井戸を掘るのに大変に手数がかかる。裕福な家ならともかくとして、小作をやつているような人々は、二十戸あるいは三十戸位が一つになつて共同で井戸を掘るのが常である。朝夕の食事時の準備のためのにぎわいをのぞいても、井戸のそばには常に女の人が四、五人はいる。家の中にとじこめられている朝鮮の女の人にとつて、井戸のそばでのオシヤベリのひとときは楽しい生活の一コマともいうべきものであろう。この朝鮮の人にとつて、特に女性にとつて縁の深い井戸がうつされることになつたのである。これまで毎日話しあ

つていた人々が櫛の歯がかけるように、村の中からいなくなつたのである。……すつかり家をたたんで村を離れた人が出てきたのである。あとには、夕鴉がさびしくないている。日本帝国主義が朝鮮において行なつてきた「開化政策」が、どんな成果を朝鮮人にもたらしたかということは、以上の簡単な二つの詩の一節をみても、ほぼ推察のできることである。」——

「村井戸も遷されたらむ」とウツカリ一言いつたばかりに、とうとう「井戸がうつされることになつた」ようである。ふるさとを懐しむ詩なら世界中のどこの国にもあるが、朝鮮の詩だけが、なぜ、こうまで大問題を胎み、深刻にして悲痛なる結論と結びつかねばならないか……「ふるさとは遠きにありて思うもの……」という室生犀星氏の詩の一句なども、藤間氏に解説されると「彼は帰るにも旅費がなかつた」となりそうである。

朝鮮の村落の生活風景をこの程度にでも知るためには、並々ならぬ苦労があつたに違いない。その努力と熱意には敬意を表するとしても、少くもこれはこの抒情詩と連関して語られるべき知識ではない。まして「初恋のせつなさに似る」という比喩を、現実の恋愛と直結して「朴の場合は、初恋の自由のためにも、ふるさとのいたましい運命が、まとわりついており、こうした地盤を基にしてのみ、初恋の自由が考えられている」（一六ページ）云云に到つては抱腹絶倒と申すほかはない。

「村井戸も無縁仏と同じように国道のために移さ

れたかどうか、それはわからない――」この詩の解釈の始めに藤間氏はこう書いているが、それが後章の「民族的表現」（一〇七ページ）になると、も一度、この詩の最初の一章が引用されて「開化政策の名において大きな自動車道路をつくるために、昔からのすべての人々の便利を考えてつくられた村井戸は勝手にうつしかえられてしまう」と「勝手」な断定にまで飛躍する。それにつづいて、

「――しかも井戸をうつしかえることは、地盤の固い朝鮮の国土では大変なことである。しかしそうした朝鮮人の苦労には何等の考慮もはらわない。井戸のかわりに水道といつたことは、夢にも考えたことはない。これが日本の帝国主義支配の現実であつた。」

異河潤の「無縁塚」の場合と全く同巧異曲である。

村井戸が移されるというのは、なるほど大事件であるが「日本帝国主義」の侵略がなくとも移るべき理由があれば移るのである。水質や水量のために他に井戸を掘ることもある。よい水脈を掘り当てるために井戸の一つや二つ掘り直す苦労は惜しまない。

もつとも藤間氏の述べたような場合がないではない。要塞司令部のあつた鎮海（慶南昌原郡）の徳山里などは、海軍飛行場の建設のために国道の下《しも》にあつた村が全村を挙げて上《かみ》に移つた。村が移つたほどだから当然井戸も移されたわけで、こうした特殊な例も、探せば五つや六つはあつたかも知れない。

この詩の実際について言えば、朴竜喆は全南の豪

族であり、日本帝国治下にあってさえ彼はむしろ富裕な階級に属していた。彼がなつかしむ「ふるさと」も朝鮮のうちであってみれば、「いたましい運命がまつわりついて」いたことも、まんざら嘘ではないが、「山よりの小高いところを選んで」村づくりをするような、そんな見すぼらしい「ふるさと」ではない。異河潤や朴竜喆の名が、このあとにも屢々顔を出しており「異や朴がしめした適確な郷土自体の把握ということにおいて白秋や啄木はおとるものがあろう」（二五ページ）などと語られているが、当人たちの生活や気質を直接に知っている私にしてみれば、藤間氏のこの盲めっぽう的論理が正気の沙汰とは思えないのである。

ここまでが、ようやく九ページで（正味七ページ）「民族的表現」まではまだまだ先が百何十ページも残っている。「足の踏み場もない泥濘」といったが、この本の随所に出てくる揣摩臆測の一つ一つを取り上げるとなったら、ちょっとした単行本ができ上るに違いない。誤れる地図の上に、もう一枚の地図を重ねて描き上げるというのは何とも小面倒で阿呆くさい仕事である。

私が取上げたいのは、じつはそんな言葉尻の詮議ではなかった。「無縁塚」が饅頭墓であろうが、石ころを積み重ねた磧塚であろうが、そんなことはたいして問題ではない。村井戸や初恋の解釈にしたところで、いわば人畜無害である。気にすることはない。私の気にかかるのは、その後につづく藤間氏の人物論である。

3

藤間氏の人物論は甚だしく感情的である。好悪のケースを予め用意しておいて、悪玉は悪へ、善玉は善へ、何がなんでも詰め込んでしまう。かりにも生きた人間を取扱う態度としては、これは考えものである。人間が人間であるかぎり沈香も焚けば屁もひるわけである。藤間氏の「ある詩人の生涯」によれば、春園李光洙は世にも見下げはてた民族の「裏切り者」（四八ページ）であり、「朝鮮民族の独立のために大きな災厄に転化してしまつた」（四九ページ）「民族性の偽造者」（六一ページ）であり、それに引きかえて趙明熙や呉相淳は「現在の汚辱は、革命によつてのみ、一切をなくすることによつてのみ、あらいきよめることができると信じて」いたり、「巍然として生活に屈しなかつた」りしている。

呉、趙の両先輩は私にとつても三十年の縁故につながる人たちであり、曽て「抱石先生」の一文（朝鮮文随筆「三誤堂雑筆」八五ページ）の中で、趙明熙（抱石）をもつて私の生涯に最も大きく影響を及ぼした人と断定したくらいである。その人は二十数年前、行方を絶ち、いまに到るも生死不明であるが、きよう私が、もしも京城の土を踏むとすれば、第一番に迎えてくれる人は、妻子を描いては呉相淳先生であろう。それほど私に近い人たちが最上級の讃辞で讃えられることは、私にとつても決して不愉快なことではない。しかしながら藤間氏の讃め方は的を外れること遠いものであり、如何に詩作品を通

じてとは言いながら、これでは義理にも人物論とは言い難い。

その同じ誤謬を、そつくり裏返しにしたのが、李光洙論である。「ある詩人の生涯」の始めに李光洙の「歴史家」という詩があげられている。（李光洙は元来作家であるが、伝説によれば彼は「作家」といわれるよりも「詩人」と呼ばれることを好んだそうであるから――また、彼には「春園詩歌集」の著があるから、「ある詩人の生涯」という題名も、ここでは不問に附すとしよう。）

歴　史　家

歴史家よ
きみの歴史は嘘つぱち！
われわれの愛が誌されてない歴史
そんな歴史があるものか、
われわれの愛の破綻が誌されてない歴史
そんな歴史は知れたことさ、嘘八百さ。

歴史家よ
きみの筆は追ひまはす――腹芸の茶番狂言や、か
　らくりの外交を、
だけれどきみは知るまい
たんぼの畦みち
牧場を吹く風のそよぎに
まことの歴史のかくれてゐるのを――。

歴史家よ

吾子の習ひ覚えた片言を　きみは書いたかね
おつむてんてん、あんよは上手を　書いたかね
遊び疲れて寝入つてゐる無心の寝顔も入つてゐる
かね

それのない歴史なら知れたことさ、嘘八百に決つてゐるのさ。

ユーモテや洒落のあとで、も一度相手に洒落の解説をせねばならぬほど憂鬱な話はない。藤間氏は「民族の詩」の開巻第一ページに「詩については全くの素人」であると自分から断わっているが（全冊到るところ、こちらの言いたいことは、すべて一足先に御本人が言つている。）それでいて、こんなに詩を「知つてる」人もいない。（「大した作品ではないが」—四二ページ—などというのは詩の素人の言えることではない。）そしてこれほど詩を知らぬ人も珍らしい。

「歴史家」という詩は、なるほど大した詩ではないが、その価値判断は兎も角として、これが「歴史家になげつけた憤懣」でないことだけは確かである。「牧場を吹く風——」「幼な児の無心の寝顔——」それがこの詩の主題である。ところで、藤間氏はこの詩のピントを実在の歴史家に合わせて、次のように論じている。

「——私は歴史家という職業意識のためであろう、「朝鮮詩集」の目次をみている内に、この「歴史家」に気づいて、その頁の所をひらいて、この作品をまずみることになつた。大した作品ではな

いが、ドキンと胸を打たれた。……「朝鮮詩集」を第一頁から読みはじめたのは「歴史家」の詩でうけた感銘のためであったといってよい。しかし李が「歴史家」に投げつけた憤懣というものは、漠然と歴史家一般に投げつけられた憤懣ではないような気がする。」——

そのあとへ「民族の怒り」という小見出しに変えて一九二五年（大正一三年）、李王殿下主催の「皇族講話会」で徳富蘇峰が講演したくだりが出てくる。

「——一九二四年（大正一三年）には東久邇宮の妻が主催した「皇族講話会」で「歴史及び歴史家」について話をしている。以上のことから考えると、この世俗的に有名な「歴史家」が「李王殿下」の前でした講演は、前年の「皇族講話会」での話と似たものであろうし、この催しは朝鮮にも報道されたにちがいない。李王家が日本の皇族なみにとりあつかわれているぞ、といったスタイルを示すことは、朝鮮人をいかに手あつくとりあつかっているかの証明であると、日本の支配者たちは考えていたのである。李がこの皇族講話会に民族的な怒りを感じたとしても当然であろう。さらにこの会の講演者が俗物として有名な蘇峰である。「腹芸の茶番劇や、からくりの外交」を「国民史」の名で書きつづけることにおいて、最も熱心な「歴史家」の一人こそ蘇峰である。李が浅薄とか不十分とかいわないで「嘘八百」（ただし原語はどうなっているか知らないが）と、きめつけた態度の中に、先にもいったように「皇族講話会」

や蘇峰という人物を、私は合わせ考えたいのである。勿論李が歴史家によせた憤懣は、現在の歴史家が甘受しなければならぬものがあることはいうまでもない。……」

全くこれは冗談ごとではないのである。「おつむてんてん、あんよは上手」が忽ちの間に雲を起し、雨を呼び、「皇族講話会」や「蘇峰打倒論」となる――、天勝はだしの手品である。

「暗黒日記」の中で、清沢洌氏は、一言もつて蘇峰の正体を剔抉した。いかに蘇峰を偶像視する愚民でも、あのくだりを読んでは心眼を開かざるを得ないであろう。進歩陣営から見れば無気力で弱いと思われる一リベラリストが、進歩的歴史家の長広舌よりも遥かに強く鋭い言葉で真実を喝破しているのである。真の勇気とはどういうものであるかを、改めて思い合わさずにいられない。

「歴史家」という詩のコジツケは兎も角として、ここまでは一応李光洙という人を民族的正義に基いたまともな人物として遇している。これから先が問題である。要点だけを抜いてみる。

――三・一独立運動によつて、朝鮮の民衆のおそるべき力を知つた日本帝国主義は、その後に朝鮮語の新聞を出すことを許したりなどして、若干の改良をはかつた。……しかし、この改良政策はあくまで形式的なもので、朝鮮民族の掌握は一段と巧妙になつたにすぎない。このことは一見自由を確保でき国民のために発言できるようになつたと、自分では

思つたに違いない光洙自身が、実は朝鮮民族の独立のために大きな災厄に転化してしまつたことから推察できる。朝鮮総督府のいわゆる「文治政策」に、まんまと光洙はひつかかつたのである。……（四九ページ）

ニ——細井肇という朝鮮研究者が、大院君の復讐の例をあげて朝鮮民族の残忍性についてのべたことがある。李はこれを非難して「朝鮮民族性に対する無智でなければ讒誣であると云わねばならぬ」といい、「朝鮮語には「仇討」と云う成語もない、なるほど宮廷内や政党内には生々しい闘いがある、しかし民間には少い」とて、民謡の一例をあげ（引用略—素雲）「朝鮮語には「まあ笑つてしまいたまえ」という用語がある。朝鮮人が淡白で残忍な性格をもつていないことは明白ではないか」といつている。

細井に対してはこれで済むかもしれないが、新たな境遇におかれた民衆にむかつて、これが朝鮮人の民族性であるといつて、果して納得されるであろうか。……日本帝国主義の圧迫を民衆ほどにはうけないで若干のおこぼれをもらつているようなブルジョア地主たちにとつては、李の発言は聞き心地がよく、日本帝国主義の使用人に対する若干の光洙の「抵抗」は、なおさら悪くはない気持でうけとられたであろう。しかし自己の生活と自由のために、少しでも努力すれば、すぐさますさまじい日本帝国主義の暴力の前に、さらされてしまう民衆にとつては、李のような民族性論では、自分の気持を正直にぶちまけることを出来なくさせてしまう。李の民族性論

は、民衆の気持にとつて大きな足かせとなつてしまつた。闘うための原動力である憎しみが解消させられれば、敵の前での武器解除となつてしまう。日本帝国主義は……大きな新しい敵をおさえるために、光洙という人間を自由におよがせることの効果のほどを知つていたのである。光洙がどしどし仕事をして、影響力を広めれば広めるほど、日本帝国主義はホクソ笑むことになる。（五一—五三ページ）

李光洙が意識しようと、しまいとにかかわらず、日帝の残忍な弾圧と、それに対する憎しみは、急速に朝鮮の人々をとらえて行つた。……まあ「笑つてしまいたまえ」といつたようなことを朝鮮人の民族性であるといつたようなことは、漸くもえあがりはじめた朝鮮人の怒りに、水をぶつかけたことである（五四—五五ページ）

三——過去のかがやかしい生涯と、ゆたかな文才に自信を置いて祖国の人々の心をとらえようとすればするほど、人々は手下からはなれて行くことを光洙は次第に発見したに違いない。それとともに、新しく彼の下にくる人は、自分自身がかつてあゆんだ亡命生活をさえも、こわくてあゆむことのできない人であることを、発見できたに違いない。多くの人々が彼の周囲に集つたとしても、彼は著しい孤立感をもつたに違いない。こうして彼の孤立感は、独立運動や解放運動の主動勢力から知識分子を排撃しようとする運動によつて拍車をかけられたにちがいない。教養と知識にとむ光洙は、運動の新しい主体的勢力となつた労働者階級や革命運動のやり方の変化

に、憎しみさえもつてきた。（五六—五七ページ）

四——彼の有名な著書である「朝鮮民族改造論」……「まあ笑つて了いたまえ」といつて、朝鮮民族性の偽造を行つてきた彼は、この偽造のコースをさらにおしすすめて、未来にむかつて更に拡大した形で「民族改造」をやろうとしている。朝鮮人の「教養が少いとか、よく働かない」とかいつたことの原因が、どこにあるかということに目をつぶつたこのやり方は、崔南善が三・一の独立宣言文の文章の一節とあまりに似ている。……（六一ページ）

単なる一、二の制度や習慣がわるいというのでもなく、また一部の人間の心がまえがわるいから、朝鮮人全体がわるくなつているというのではないのである。民族全体を改造しなければならぬほど、わるいというのが光洙の持論である。民族全体が自身にそむいていると感じているから、こんな大袈裟な提唱が出てきたのである。……朝鮮の民衆の断乎とした、独立のための闘いの準備は、こうした光洙の仕事の影響によつて多分に不便を感じた所があつたにちがいない。（六二—六三ページ）

五——心まで敗北すると、敗者はとかく味方の欠点ばかりさがし出して、敵の姿や自分の良さというものを見ないものである。このため、仲間同士の悪口が盛んとなり、孤独感はひどくなる。光洙の足みはヨタヨタせざるをえない（七三ページ）

彼の不安をかき立て、じつとしていることを許さない事こそ彼の創作力の源泉となつているのではないかと思われる（七七ページ）

六——戦争中、光洙は朝鮮文人協会の会長となった。日本の文学報国会のようなものである。彼はついに日本にまで来て、留学生に学徒出陣をするように盛んにすすめた。有名で良心のある人だと評価されていた面もあつたので「あの人があのようなことを言う位だから、大変な所に来ているにちがいない。吾々もあの人のコトバに従わなければなるまい」と思う若い人もいたそうである。東京神田の宿舎に彼を幾人かの集りでたずねた時の話を、ある人から聞くと、光洙の態度は自信がなく、おちつかないで、キヨロキヨロしていたということである。（八一ページ）

朝鮮民族の運命を百年も前から心配してでもいたような藤間氏の口ぶりである。日本の短歌雑誌（朝鮮人の目には殆ど触れることのない——）に寄せた一文が「民族性の偽造」であり、その「偽造のコースをおしすすめた」のが「民族改造論」（六一ページ）だといいながら、「この書物を私は読んだことがない。そこで、ある朝鮮の人から聞いた所を伝えたい。この伝えが、私の聞きあやまりがあるかもしれないし、話した人もどこまで全体的な理解の上で話をしたのか、現在の私には検討のしようがない。」と前もつて断わつている。「読んだことがない」「聞きあやまりがあるかも知れない」「検討のしようがない」——、そのような不確かな、曖昧な認識を土台にして、一人の人物の生涯を決定するような、こういう発言をしている。細井某に対する李光洙の言

葉をそのまま借りて、正にこれは「無智でなければ讒誣」であると言わねばなるまい。

4

迷路を辿るような困惑を忍びながら、以上、引用した数カ条について私の所見を述べようと思う。臆測と独断の製造人の手にかかれば「お前もその同類なのだ」と決めつけられるかも知れない。それはそのときの話である。尠くとも私は「又聞き」や「検討のしようもない臆測」の上で口は利かない。すべては私自身の祖国、私自身の生活に直接に繋りをもつ事柄であり、物心ついて以来の四十年を念頭から離れ去つたことのない「民族の宿命」についてである。藤間氏ほどには雄弁でないかも知れぬが、藤間氏よりは、も少し責任は持てるつもりである。

——この引用文の前句が

「上海にあつた「大韓民国臨時政府」の機関紙「朝鮮独立新聞」の主班に彼がなつたのは、亡命生活の終りの頃のことであろう。この、臨時政府の首領李承晩たちは、ウイルソン米大統領の民族自決主義に期待し、一九一九年（大正八年）のパリー講和会議によつて朝鮮の独立を夢みた。しかし期待ははずれた。……精神的にも資金的にも臨時政府は窮地におちいり、政治的にはなお一層なすことのない団体となつてしまつた。朝鮮総督府はこうしたところをみこんで、李の愛人許英粛（栄淑は誤り）を上海に送つて李をよびかえし、一応三カ月ほど形式的に下獄させて、李を自由の身にした。(歴史家林光澈の教

示による。）一九二四年頃のことである。彼は帰国後「東亜日報」と「東光」という青年向きの自由主義雑誌の主筆となつた」（ニム・ウエイルズ、アリランの唄、——ある朝鮮人革命家の生涯——八八頁）とあり、この一節の小見出しが「民族への裏切り」となつている。

「東亜日報」といえば朝鮮民衆の信頼と輿望を荷う当時の唯一の民間紙である。総督府が「みこんで呼びかえし」たような人物を、編集局長や主筆に据えられるものでもなく、また、それほど朝鮮の民衆が甘くもない。李光洙自身が「わが告白」の中で言つているように、彼が民族主義者としての節度を屈したのは遙か後の大東亜戦たけなわの頃である。

「わが告白」の一節「わが回節」という条りで、李光洙は次のように言つている。

「文章社か、どこか、記憶は定かでないが彰義門外の寓居に自動車が差向けられた。市内から遙々郊外まで車をよこしたのは必ずや重要な用事に違いないと思われ、その車で市内に入つたが、来てみれば皇軍慰問のための文人たちの会合であり、いつの間にか自分が、その会合の代表者にされていた——。」

そしてその会合の場所も「どこであつたかハツキリは覚えてない」となつている。

この「わが回節」を批判して、私は韓国の綜合雑誌「自由世界」（野党誌で、いまは廃刊）に、次のように述べたことがある。（稿紙三〇枚ほどの「李光洙論」で、これは昨年韓国で発行された私の随筆

集「三誤堂雑筆」に収録されている。）

「——民族に対する節度と信仰を一転せしめたというその重大な契機——春園（李光洙の号）にあつては骨髄にうずく悔恨の一瞬でなければならない。そうした或る一日の記憶が「おぼろげ」であり、主催も、場所も忘れたというのは、どだい話にならず、しかも、自動車をよこしたのが回節の動機とあつては如何になんでもベラボウな話である。「回節」の動機と原因が、予め心に用意されていたというなら兎も角、かりにも春園ほどの人が「自動車が来たから出かけた」「行つてみたらそれが皇軍慰問の会合で、いつの間にかその代表者にされてしまつた」では、人をバカにした話といわねばなるまい。（傍点の個所は日本語の発音で書いた。）——悪意の批判者ならずとも、そう考えるのが当然であり、この「回節」の一章は、あまりにも気が抜けていて、春園を惜しみ、愛する人たちにすら、失望を与えずにはおかないであろう。」

私の右の一文は、李光洙その人を笞うち、非難するために書かれたわけではない。この人の体質の弱点——たしかに人に乗ぜられる何かがあるという、その「何か」を説明するために、こういう一例を挙げたのである。その文章の後に、私は私なりの解釈をつけ加えた。

「——幾度、幾十度、思い返してみて、私はこういう判断を下してみる。主催を忘れたわけではないが、大して名誉な話でもないので、どこの誰それと指摘することを避けて、わざと言葉を濁した

のであり、「回節」の苦悩を書き記すとなればあまりにも深刻で、多くの事柄にも触れねばならず、それらを後日のことに譲って、「わが告白」では一応そのまま見送ろうとしたためではないか……。但し、これは私一人の推測というに過ぎない。

——」

その「主催者」は文章社であり、その文章社の事実上の責任者は「ソヴイエット紀行」の著者李泰俊であつた。いまは北鮮にあつて文化活動に携つている筈であるが、その李泰俊さえ、何も好きこのんで「皇軍慰問」への協力を買つて出たわけではない。背後には銃剣を擬した軍司令部（竜山）があり、そうした会合の席上にも、佐官級が必らず二三人は出席したものである。

当時朝鮮人の置かれたそのギリギリの一線でのすべての行為が（その主催者や、実際に中支北支へ「慰問」に出かけた文人たちを差措いて）一人の李光洙の罪過の如くにあげつらわれているのであるが、それはそれとして、私が「わが告白」を持出したのは、「総督府と結托して李光洙を上海から呼び帰した」云々の、「出まかせ」と「あて推量」に答えるためである。こういうあるまじき虚偽を土台にして一人の人物の画像がまことしやかに描き上げられている。

「ここに一人の強盗がある。……彼は十年前も多分強盗であつた。……いや、彼こそは強盗を働かんがためにこの世に生れ出たのである……。」「ある詩人の生涯」を読んでゆくと、到るところにこの式の論

理が展開されているのに気づく。なるほど、これでは「きみの歴史は嘘つぱち」といわれても仕方があるまい。

二——日本人の中には、この種一知半解の徒がいて、ときどき奇想天外な「学説」を吐く。かつて、（昭和二年）短歌雑誌「真人」（**李光洙**の寄稿が載つたその同じ雑誌）に岡田某なる物識りが「押へきれぬ口腹の慾」と題して、朝鮮人が如何に食いしん坊であるかを説きながら、およそ二三十あまりも「食う」とか「食べる」とかに繋る朝鮮語の語彙を数え立てたものである。たとえば、「時計のゼンマイを巻く」が「時計のメシをやる」であり「オガ屑、カンナ屑」が、「ノコギリのメシ、カンナのメシ」である等である。事実がそうであつても、も少し書きようもあろうものを、この岡田先生の論調は如何にも許し難いものがあつた。（その文章の内容がどんなものであつたかは、前掲の表題で窺われる通りである。）

「食えない野郎」だといい、「人を食つた話」だという——、然らば日本人は食人種なりや……と当時「地上楽園」という詩雑誌に、それに対する私の応酬が載り、「真人」の編集者市山盛雄氏から陳謝百拝の書面が「地上楽園」に送られたことを記憶している。

たまたま同じ雑誌（真人）に、同じような動機で李光洙の一文が載つた。（朝鮮民謡について求められた文章に、細井氏の一項が顔を出したまでで、そのことだけのために書かれたわけではない。）「朝鮮民

族は暴虐残忍なり」といわれて、「ゴ尤も千万……仰せの通り」と相槌を打たなかつたことが「民族性の偽造」であるとは、テモ奇天烈な解釈である。藤間氏は、なにが何でも朝鮮人を獰猛残忍な種族に仕立てたいらしいが、（この人によれば、それが勇気であり、闘争の素質でもある。）朝鮮民族の民族的気質は、何よりも過去の文化遺産がそれを説明している。新羅の遺跡——、中でも石窟庵の如き——、高麗の陶磁器や李朝の文物——、伝承童民謡や現代詩に見る息吹——それらを一貫して流れるものは、あくまでも平和を愛し、温雅を貴ぶ民族精神である。（この藤間氏の著書の中には三・一運動の独立宣言文に対する誹謗が掲げられているが（五五ページ）朝鮮民族の成り立ちを知らざる者のタワゴトである。）

「……曽て他民族を侵略したことなく、一たび国難至るや（文禄・慶長）国土を焼き払われ、殺戮をほしいままにされながら、右往左往逃げ廻り、爾後数百年、ついに復讐さえ企て及んだことのない民族……この柔順羊の如き民を、文明に一歩を先んじた日本は甘言利説をもつていざない、独立と領土の保全を「確実に保証」し、「恒久不変の親交を保持する」（日韓議定書）と称して僅か六年後に根こそぎその国土と民族の自由を取り上げた。——イソップの「羊と狼」を地でいつた話である。（「アジアの四等船室」七〇ページ）

私の近著の中の一節である。だが、この「羊」はただの羊ではない、蒙古の兵火を逃れて三十年もの

長い間、江華島に蟄居したその国難の只中で、十六万面の「高麗大蔵経」を完成し高麗磁器の最上品を世に遺した「羊」である。無道残忍の倭寇——豊臣の勢に国土を蹂躙され、悪虐の限りを尽されながら、その国難の直後に、学芸興り、文化が花咲いて、本場の中華大陸を瞠若たらしめた「羊」である。——われわれはこれを「民族の勇気」といい、「不敗の強靱さ」と呼ぶ。

5

「民族改造論」に対する藤間氏の「また聞き」の不確かさは（引用—四）さきにも触れた通りであるが、その他の引用個所についても、指摘せねばならぬ誤謬は多々ある。その一つ一つについて、もつと克明に、丹念に、修正を加えるのがこの稿の意図であつたが、すでに紙数が尽きた。いずれ、改めて李光洙その人を伝え、この一人の作家を通じて、朝鮮民族の受けた歴史的傷痕を語るべき日があるかと思う。詳細を尽さぬまま、いまはこのドグマによる迷路の地図を、一旦藤間氏にお返えしすべきだと考える。

日本帝国の支配による三十六年は、朝鮮民族にあつては、熱病を病んだ時期である。天然痘で命拾いをしたが、あばたの痕は残る。その痕跡の一つが「李光洙」であるとも言えよう。

彼は政治家でも、思想家でもない、一人の文筆の徒であるが、結果から見れば、あたかも思想家の荷うべき誇りを、政治家の受くるべき笞《しもと》を、彼自身が

引受けた形である。事実、朝鮮民族に彼ほどの感化を及ぼした文学人はいない。夏目漱石といい、志賀直哉といぅも、一民族に及ぼした一人の作家の感化という点では李光洙の足許にも及ぶものではない。

そこに彼の功罪の、厳しく批判され、追及されるべき要因もあるのであるが、それはどこまでも冷徹な歴史眼の上で為されねばならない仕事である。二た言目には「日本帝国」がとび出すような書生論や、固定の政治意識からでは正鵠な批判は生れない。

引用の最後に「学徒出陣」への李光洙・崔南善の協力というくだりがあるが、東京の宿舎における彼の態度は「自信がなく、おちつかないでキョロキョロしていた」とある。しからば「堂々たる自信」が漲つていたとしたら、藤間氏は彼を賞讃したであろうか……。理不尽な強権の下に組み伏せられた一人の「阿Q」(これは終戦直前に彼自身が私に言つた自嘲の言葉である。)その人が、おちつかず、キョロキョロしたことが、なぜ嘲弄されねばならないか……。

終りに一言、私自身に係わりあることについて答えたい。この書物の一二八ページ、「民族的表現」の註表(24)に次のように書かれている。

「これまであげてきた民謡の材料について一言しておきたい。筆者が参照できたものは、金素雲が訳編した上記の三冊(「朝鮮童謡選」「朝鮮民謡選」「朝鮮詩集」——いずれも岩波文庫)がその主なもので、他に二、三の雑誌でみたものを活用したのにすぎない。このことは拙稿であげた民謡の

材料を貧弱なものにし、断片的なものにしたにちがいない。なぜかというと、金素雲の「民謡選」をみても「口の利ける野郎は」にせよ「セビリ着込んで」にせよ、いずれにも巻末の解題の所にのせられていて、本文には出て来ない。彼が民謡をえらぶ時の選択態度は、これによつて、ほぼ推察できよう。この一事をみても——金素雲についてほとんど知ることはできないのであるが——素雲という人は、きびしいものや、抵抗的な内容の民謡にあまり興味がないのかも知れない。しかし、それ以上に朝鮮人に対する特有の日本官憲の検閲のきびしさを考慮したためかも知れない。「朝鮮詩集」の選択の場合にも、同じものが働いているにちがいない。また素雲のこの持味は、そのホンヤクをして、実質以上になめらかにし、よわよわしいものにしている場合もあろうかと思う。金の業績の大きさを高く評価するにやぶさかではない。しかし現在では誰か新しい立場で、朝鮮の民謡と近代詩について、網羅的に、そして原語の持味を生かしたホンヤクと編纂がほしいものである。……」

「ちがいない」で決めつけられているが、ここにも私個人として承服できない誤謬がある。私の民謡翻訳は、原本が別にあつてそれを移訳したというのではない。原本そのものからして私の手でつくられたものである。(諺文「朝鮮口伝民謡集」—昭和八年一月東京第一書房)この原本は、日本の文部省あたりがつくつた「日本民謡大全」とか「集成」とか

いったものの同系のもので、散佚や埋没を防ぐための保存的意義に重きを置いたものである。別に日本の進歩的歴史家に讃められるためにつくられたわけではない。アリランの廃頽民謡が巻末の解題にあるということで、私の態度が「ほぼ推察できる」とあるが、近代文明、資本主義の浸潤が朝鮮の農民生活を如何に脅かしつつあるかという「懇切にして丁寧」な解説がそこにはついており、藤間氏もよもや、そこだけは飛ばして読んだわけではない筈である。

私の詩や民謡の翻訳が「実質以上になめらかで、よわよわしいものにしているかもしれない」と心配していただいた。いずれこのことは、後日ゆっくり書くつもりであるが、取りあえず、私の近著「アジアの四等船室」の二一〇ページ——「半音階のズレ」の最後の五六行を読んでもらいたい。朝鮮語と日本語の、語音、語意、二つながらの半音階の誤差が納得される筈である。

この註記は金達寿の「民族の詩・書評」(「文学」二三の六。一九五五年六月号)にも引用反復されているが、朝鮮の詩や民謡の新しい翻訳者を待ち望む気持は、他の何人よりも私自身に強い。私は機会あるごとにそのことを繰返えして来た。「民謡選」や「童謡選」から数えてすでに二十三年、——「朝鮮詩集」の初版からは十七年を経ている。もう誰か出て来てもよさそうなものである。

ところで昨年、許南麒の手で「朝鮮詩集」(青木文庫)が編纂された。許君は個人的にも私と親しい人である。戦前は、よく泊り込みで私の仕事を手伝

つてもらつたりした。分野や足場はどうあれ、永年待ち望んだその後続部隊が、他ならぬ私の知人から出たことは心うれしいことである。私は、早速店頭でその青木文庫を繙いた。

最初に目についたのが呉相淳の「アジア最終夜風景」である。(この詩は私の訳したものが藤間氏の「民族の詩」の中にも繰返し引用されている。)

アジアは夜が支配する、そして夜を統治する。
夜はアジアの心の象徴、そしてアジアは夜の実現
アジアの夜は永遠であり、アジアは夜の受胎者である。
夜はアジアの産母であり、且つはまた産婆である。

長い詩の、これがその書出しである。殆ど原詩のカナモジだけを置きかえたので、一番苦労のない翻訳である。「産母」だの、「産婆」だのという言葉も、もとより原詩のままである。

店頭で開いた許君の訳詩集には、この詩が次のようになっている。

アジアは夜が支配する、そして夜をすべくくる
夜はアジアの心の象徴であり、アジアは夜の具現だ
アジアの夜は永遠であり、アジアは夜の受胎者だ
夜はアジアの産みの母であり、取り上げ婆だ。

原詩に「産婆」とあるものを、なぜ「取り上げ婆

とせねばならなかつたか……、そんな忖度よりも「産婆」と「取り上げ婆」を同義の言葉として取り扱つたミスである。なるほど日本語には「取り上げ婆」という言葉があるが、よほどの草深い田舎か、さもなくば、意識して軽蔑をこめた場合だけに用いられる。時代や都鄙の懸隔の他に、複雑な異つた条件が附随する——それが「言葉」である。

どうやら、私の期待も、そして藤間生大氏の希望も、当分は叶えられそうにないようである。

なお、その文学活動の大要は、「朝鮮詩集」（岩波文庫版）の巻末「略歴」を参照されたい。

（一九五六年六月、文学）

〈**附記**〉 **李光洙**氏は解放以後、反民法の被告として糾弾されたりしたが、六・二五動乱の際、北鮮に連行され、生死不明のまま現在に及んでいる。

六号メモ（解題）

「木槿文庫」の2集を「隣の客」と予告したが、これは特殊部落に関連のあるもので、も少し調べたいことがあり、保留した。そのために書名が変つたことを御諒承いただきたい。

＜紅いチユーリツプ＞

入学シーズンになると私のような旅人にまで何かと相談が持ちこまれる。博多で歯科医院を開いている日本人N氏は、永らく釜山で開業していた方で、韓国婦人の奥さんは、家妻と女学校時代の同窓という縁故である。

そのN氏の長男坊が東京のK大を志望しており、そのことでN氏が遙々上京して来られた。さて、私の手にはおえず、友人のK君を通じて私学団体の幹部であるY氏にお逢いした。N氏とその同行者某氏、それにK君と私がY氏を取り囲んでいる席上で、こんなアラレもない議論が飛び出してしまつた。N氏も、さだめし呆れたに違いない。辞を卑くして頼み入らねばならぬ用件を控えながら、さりとは辛抱性のない話である。Y氏とはその後再びお目にかかる機会なく、N氏の御子息が本望を達したかどうかも、未だに知らぬままである。

＜日本の忘れもの＞

昨年夏、関西へ旅行の折、読売新聞から何か書けといわれたのが、ちようど開票の当日。新聞では「気になること」という題であつた。

クイズの解答みたいになるが、文中の某学園理事長は高木章なる人物、キヤラメルとタイアツプの候補者氏は名にし負う広川弘禅である。別に恩怨があるわけではないが、実名を明かしたというので名誉キソンに問われれば「木槿文庫」の広告にもなろうというものである。

＜宇宙人着陸せず＞

必要からとはいいながら、トゲトゲしい話題が多く、それが苦になっている。口直しのつもりで、こんな慢筆を一つ加えておいた。

北村氏に手紙を出した某氏からは、その後お訪ねを受けたが、宇宙人への執心は想像の他で、目の焦点がいつも天空遥か、火星や金星あたりを睨まえているというふうである。私にもしばしば図解の文書や写真版などの刷り物が送られたが、メッセージの解読どころか私にはすべてチンプンカンプン、頓悟未倒の神秘境である。最近お逢いしたときは、宇宙の大真理を解明するために朝鮮民謡の歌詞をあれこれと蒐集してテープレコーダーに録音中とのことで、大型の手提カバンにはそのテープがギッシリ詰めこまれていた。

＜民族の日蔭と日向＞

「日本へのこの種の発言はこれが最後」といいながら、またまたラチもない文反古が溜ってしまった。「抑制剤」の効き目もなかったこと、この小冊子が証明する通りである。

原題は「民族の日蔭と日向と」になっているが「木槿文庫」の書題とするために音便を考慮して語呂を省いた。

＜自家用良心を惧れる＞

最近読んだ新聞記事に、判決が重すぎるというので検事が被告人の減刑を主張したという事件があり、甚だ吾が意を得た。たまには刑が軽すぎて弁護人が苦情を申し出る場合があってもよさそうなものである。

同じく、これも新聞記事であるが、百円硬貨ができては生活の脅威であると、紙幣の用紙をつくる人たちが気勢をあげて反対している由、利害の尺度だけで主張が左右される一つの例である。大は一国、一民族から、小は一個人に至るまで、自分の不利益を承知で、是非の判別がなされるようになったら、人間の株値も少しは上るに相違ない。もっとも闘争だけが手段だと考える人たちにとっては、こんな「阿呆の世迷い言」は笑いぐさであろう。

＜国民感情の末端に巣食うもの＞

以下三題は、いずれも在日僑

胞を意識に入れて書かれたもの――、心に鬱積した日頃のオリの排泄である。因に、三つとも、もとの題名を改めてある。

＜**共通の不幸の前で**＞

ユーギ業がわるいというのではない。それを非難するほど私は取りすました道学者ではないが、判で押したように同じ返事が繰返されたことに憂鬱がある。正業の部門から閉め出された僑胞たちの生活を思い合わせれば簡単には言い切れぬものがあり、たまたまの「虫のいどころ」が、こんなものを書かせた。

＜**不聞人世喧**＞

劉生画伯の最後の装丁となつた「朝鮮民謡集」の表紙原画は、旧友高木四郎兄に差上げてあつたのを二十八年ぶりで昨年の秋、見せていただいた。北辰堂と約束したまま延び延びになつていた「白秋先生の思い出」に、この装丁（童子傀儡図）を用いて紀念としたく高木兄から借り受けたが、なつかしい極みである。大切に保存してくださつた高木兄に改めて御礼を申上げたい。

＜**偏見という名の鬼**＞

少し大ゲサな題だが、人間の一人一人が桃太郎にならねば、という比喩の鬼である。コリアン・ライブラリーの目指すところも、さしずめこの「鬼退治」の手段の一つであると解釈されたい。

＜**臆測と独断の迷路**＞

後半五章以下を少くも十四五枚書き足さねばならぬところであるが、「文学」が指定した枚数を遥かに超過し、結びを急いだために甚だ食い足りないものになつた。もつとも、いつの場合にしろ、いいたいことを全部が全部、いい尽せるものではないが、いつかは、「李光洙の文学と人間」について、もつと落ちついたものを書いてみたいと思つている。

（七月七日、素雲記）

＜木槿少年文庫＞（小学四年以上の児童向）

★1 棉の種（逸話と伝記）
★2 三つの瓶（伝承民話—昔話）
☆3 三韓昔がたり（新羅・高句麗の史上のエピソード）
☆4 百済の笛（童謡ものがたり）
☆5 山人蔘と如来さま（伝説と民話）
☆6 少年歳時記（正月やお盆の遊び・季節のこよみ）

＜木槿文庫＞（高校以上、一般成人向）

★1 端宗六臣（李朝史話）
★2 民族の日蔭と日向（随想、評筆）
☆3 民謡ものがたり（口伝民謡解説）
☆4 千秋太后（高麗史話）
☆5 馬耳東風帖（韓文随筆の飜訳）
☆6 謎とことわざ（平易に述べた「謎」と俚諺の注解）

★は既刊・**定価各冊**（送料共）**六八円**
（第一期　各六冊・第二期継続刊行）

昭和三十二年七月十五日　印刷
昭和三十二年七月二十日　発行

＜民族の日蔭と日向＞
定価　六八円

著作者　発行者　金　素　雲
印刷人　鷲　谷　武　市
大阪市天王寺区東平野町六ノ二〇
寿精版印刷株式会社

発行所
コリアン・ライブラリー
大阪市南区河原町一、道風ビル
電話 ⑹ 六〇七一—四番

ページが抜けていたり、前後の順序が間違っていたりする製本がありましたら発行所へお送りください。すぐお取りかえいたします。

預金高大阪第二位！

わたくしたちの

おうさか　こうぎん

信　用　組　合

大阪興銀

大阪市天王寺区下味原町80

電話（75）0771－2・7263－4

＜木槿文庫＞＜木槿少年文庫＞

10,000部提供

¥ 68

영인

『목화씨』
『세 개의 병』
『단종육신』
『민족의 음지와 양지』

『棉の種』
『三つの瓶』
『端宗六臣』
『民族の日蔭と日向』

【참고문헌】

김광식, 『식민지 조선과 근대 설화』, 민속원, 2015.

______, 『근대 일본의 조선 구비문학 연구』, 보고사, 2018.

______, 「근대 일본의 조선 설화연구의 현황과 과제」, 『열상고전연구』 66, 열상고전연구회, 2018.

______, 「김소운이 주재한 첫 과외교육잡지 『아동세계』 해제」, 『근대서지』 23, 근대서지학회, 2021.

______, 「명랑하고 건전한 '내일의 조선'을 기르기 위하여」, 『문자와 상상』 6, 현담문고, 2021.

______, 「김소운의 아동잡지 발간과 조선 설화의 수록 양상 연구」, 『연민학지』 39, 연민학지, 2023.

______, 「북한의 본격적 옛이야기집 『우리 나라 옛'이야기』(1958)의 원전 탐색과 다시쓰기」, 『열상고전연구』 85, 열상고전연구회, 2025.

김광식 편, 『김상덕의 동화집 김소운의 민화집』, 보고사, 2018.

김광식 · 나카이 히로코 편, 『김소운의 아동잡지 번역 · 영인 · 별책』, 민속원, 2025.

김소운, 『김소운 수필선집』 1, 아성출판사, 1978.

______, 『물 한 그릇의 행복』, 중앙출판공사, 1968.

______, 『맨발의 인생행로』, 중앙일보사, 1981.

나카이 히로코(中井裕子), 「김소운 주재 과외아동잡지에 협력한 일본인들」, 『근대서지』 24, 근대서지학회, 2021.

노영희, 「김소운의 아동문학 세계 – 鐵甚平이란 필명으로 발표된 네 권의 작품을 중심으로」, 『동대논총』 23, 동덕여자대학교, 1993.

오타케 키요미, 「김소운(金素雲)의 아동문화활동」, 『인문과학연구』 21, 성신여자대학교 인문과학연구소, 2003.

金廣植, 『韓國 · 朝鮮說話學の形成と展開』, 勉誠出版, 2020.

金素雲, 上垣外憲一 · 崔博光 譯, 『天の涯に生くるとも』, 講談社, 1989.

中井裕子, 「金素雲の「武器なき戰い」 – 「朝鮮人をして朝鮮人たらしめよ」」, 同志社大學 大學院 博士論文, 2023.

村上芙佐子, 「金素雲關係文書資料年譜」, 『比較文學研究』 93, 東大比較文學會, 2009.

__________, 「金素雲=著作 · 講演 · 放送等年譜」, 『比較文學研究』 79, 2002.

편, 번역서, 관련서를 출판할 예정이다. 이를 통해서 텍스트, 삽화는 물론이고, 김소운의 삶과 업적에 대한 재평가가 본격화되어, 복합적이고 중층적인 한일의 정밀한 상호 교차 읽기를 통한 생산적 연구가 계속되길 바란다.

었는지, 역사는 어떤 험한 여정을 계속했는지 이 문고를 몇 권 읽는 사이에 그런 것을 차츰 알게 될 것입니다.

또한, 일본 소년 소녀들도 지리적으로 가장 가까운 이웃 나라를 더 잘 알았으면 합니다. 서로 바로 이해하기 위해 이 문고가 한 사람이라도 더 많이 읽히기를 소망합니다.

목근문고2와 목근소년문고2에는 오사카흥은大阪興銀(신용조합)이 1만 부를 후원했다는 광고가 실렸다. 또한, 명예회원 오사카흥은과 20명, 특별회원 16명(1957년 6월 현재)의 이름이 실렸다. 각 권은 적어도 2만 부 이상 간행되었지만, 총 4권으로 중단되고 말았다.

선행연구에서는 김소운의 시와 민요, 수필에 관한 연구가 중심을 이루었다. 그러나 김소운은 다수의 설화집을 간행한 점도 잊어서는 안 될 것이다. 이처럼 김소운은 1942년 4월부터 1943년 8월에 이르기까지 5권의 설화집을 왕성하게 집필하고, 해방 후에도 다수의 설화집을 간행하였다. 해방 후의 설화집들은 해방 전의 자료를 다수 활용했다는 점에서 그 형성과정에 관한 치밀한 연구가 수반돼야 할 것이다.

지금까지 김소운의 설화집을 접하는 것은 녹록지 않았다. 이번에 김소운을 라이프 워크로 하여 수십여 년 동안 연구하여, 최근에 학위논문을 통해 이를 집대성하신 나카이 히로코中井裕子 선생님께서 소장 자료를 흔쾌히 제공해 주셨다.

이번 설화편 총 6권에 이어서 앞으로도 계속해서 역시편, 민요

목근소년문고 1, 2로 기획 간행된 『목화씨』와 『세 개의 병』은, 오사카의 코리안 라이브러리에서 1957년에 간행되었다. 『목화씨』에는 문익점의 목화씨綿の種 이야기를 비롯하여 한석봉, 맹사성, 임상옥, 김정호 등의 사화 13편이 실렸고, 『세 개의 병』에는 「나쁜 호랑이」, 「호랑이와 토끼」, 「이야기 주머니」 등의 옛이야기 8편이 실렸다. 김소운은 '초등생4학년 이상의 아동용'=목근소년문고와 함께, '고교생 이상, 일반 성인용'=목근문고를 계획했지만, 각각 두 권을 출간하고 중단되고 말았다(편집부, 「연보」, 김소운 저, 上垣外憲一・崔博光 역, 『天の涯に生くるとも』, 講談社, 1989, 334쪽).

『맨발의 인생행로』(중앙일보사, 1981)에서 재일한국인 아동을 위해 '코리안 라이브러리'의 자금을 모으기 위해 고군분투했지만, 뜻대로 이루어지지 않았다고 밝혔다. 당시 민단과 조선총련으로 분단된 상황에서 김소운은 민단을 통해 기증지를 보냈지만, 호응은 거의 없었다.

재일한국인 특별회원이 열 명에도 미치지 못했다. 목근문고1과 목근소년문고1 표지 뒷면에는 교포 관광 사업가 고나미 요시아키小浪義明(김용수, 1910~1981, 당시 일본관광 주식회사 회장, 각 1만부씩 후원)의 다음과 같은 글이 수록되었다.

> 지금 일본에는 우리 동포가 60만이나 살고 있지만, 그중에는 '고향'을 모르는 이도 많습니다. 외국이나 일본은 알아도 자기 조국을 모르는 것은 씁쓸합니다. 그런 이들이 이 문고를 읽어 주길 바랍니다.
>
> 우리 조상에 어떤 사람이 있었는지, 어떤 생활과 어떤 풍습이 있

1957.

9. 『아시아의 민화(アジアの民話)』 전6권, 테이프 라이브러리, 녹음교재사, 1959(테이프 포함).

10. 「朝鮮編」, 浜田廣介 他編 『세계의 민화와 전설(世界の民話と傳說)』 6トルコ · 蒙古 · 朝鮮編, さ · え · ら書房, 1961(世界民話여행6, 1970년1刷, 1982년10刷, 12화 수록).

11. 「朝鮮民話」, 奧野信太郎 外, 『少年少女世界文學全集』 東洋編2, 講談社, 1961.

12. 「호랑이와 토끼(トラとウサギ)」, 子どもの文學研究會 編, 『よんでおきたい物語』 10, ポプラ社, 1961.

이 중에서 「김소운 저작 선집」 설화편6에서는 재일 코리안을 위해 김소운이 간행한 네 권의 책자(목근문고 및 목근소년문고)를 모았다. 얇은 책자이지만 이를 현재 모두 구하는 것은 일본에서도 쉽지 않다.

『목화씨(棉の種)』 목근소년문고1, 코리안 라이브러리, 1957.4

『세 개의 병(三つの瓶)』 목근소년문고2, 코리안 라이브러리, 1957.7

『단종육신(端宗六臣)』 목근문고1, 코리안 라이브러리, 1957.4

『민족의 음지와 양지(民族の日蔭と日向)』 목근문고2, 코리안 라이브러리, 1957.7

월의 삼판을, 4. 『조선사담』은 1943년 8월 증보판을 영인하였다. 관심 있는 독자들에게 참고가 되길 바란다.

김소운은 해방 후에도 일본에서 다수의 설화집을 간행하였고, 일본에서 익히 알려져 있다. 필자의 판권지 확인에 의하면, 그 대부분이 증쇄를 거듭해 널리 읽혔다.

1. 『韓國昔話 당나귀 귀 임금님(ろばの耳の王さま)』 세계명작동화전집34, 講談社, 1953, 1956년 5쇄.
2. 『朝鮮民話選 파를 심은 사람(ネギをうえた人)』 이와나미소년문고71, 岩波書店, 1953.12(1987년 4월 29刷, 2001년 新版1刷, 2011년 新版8刷).
3. Kim So-Un, “The Story Bag : a collction of Korean folk tales by Kim So-Un, tr. by Setsu Higashi”, Charles E. Tuttle, 1955(『파를 심은 사람』의 英譯).
4. 「불개(日の玉のムク)」, 『世界民話集』 일본아동문고41, 아르스, 1955.
5. 「금강산의 호랑이(金剛山のトラ)」, 日本文藝家協會 編, 『少年文學代表選集』, 光文社, 1955.
6. 「조선의 민화에 대하여(朝鮮の民話について)」, 孫晉泰 『朝鮮の民話』, 岩崎書店, 1956(岩崎美術社, 1966년, 1972년4刷, 손진태 『조선민담집』 간략판).
7. 『목화씨(棉の種)』 목근소년문고1, 코리안 라이브러리, 1957.
8. 『세 개의 병(三つの瓶)』 목근소년문고2, 코리안 라이브러리,

했다.)

위와 같이 김소운은 1940년에 중앙공론사에서 「조선향토 총화」 간행을 계획하고, 본격적으로 조선의 향토전설을 채집하였다. 실제로 김소운은 같은 출판사 잡지에 「조선향토총화」(『中央公論』 55-3, 1940년 3월)를 게재하였다. 그 후에 「조선향토총화」는 간행되지 않았지만, 김소운은 해방 전에 다섯 권의 설화 관련서를 도쿄에서 간행했고, 그 일부는 증쇄되었다. 그 서지 사항은 다음과 같다.

1. 鐵甚平, 『삼한 옛이야기(三韓昔がたり)』, 學習社, 1942.4(講談社學術文庫1985.5, 1988.1, 5刷).
2. 鐵甚平, 『동화집 석종(石の鐘)』, 東亞書院, 1942.6, 1943.3재판, 1943.10삼판.
3. 鐵甚平, 『푸른 잎(靑い葉っぱ)』, 三學書房, 1942.11.
4. 金素雲, 『조선사담(朝鮮史譚)』, 天佑書房, 1943.1, 1943.8재판(講談社學術文庫 1986.7).
5. 鐵甚平, 『누렁소와 검정소(黃ろい牛と黑い牛)』, 天佑書房, 1943.5.

「김소운 저작 선집」 설화편에서는 위 다섯 권을 먼저 간행하였다. 『조선사담』을 제외한 4권의 책은 테쓰 진페이鐵甚平라는 이름으로 간행되었다. 이번 선집에서는 기본적으로 초판을 영인하였지만, 자료의 중요성을 감안하여 2. 『동화집 석종』은 1943년 10

영희 「김소운의 아동문학 세계 - 鐵甚平이란 필명으로 발표된 네 권의 작품을 중심으로」(『동대논총』23집, 동덕여자대학교, 1993)가 존재할 뿐, 한국과 일본에서 관련 연구가 매우 적었다. 그러나 김소운은 민요수집과 함께, 조선 민간설화의 수집에도 계속 관심을 지녔다는 점에서 본격적인 연구가 필요하다.

김소운은 잡지 『문장』(1940) 등의 광고란에 「조선 전설자료」라는 제목으로 다음처럼 자료제공을 요청했다.

(전략) 口傳童民謠 · 民譚 · 설화류와 한가지로 전설은 향토문학의 긴요한 초석입니다. 지금껏 이렇다 할 集成이 없었고 이 方面에 留意하는 몇몇분의 蒐集이 있다고 하나 이도 숨은 자료라 求得하기가 쉽지 않습니다. 이러한 성과는 대다수의 協同아니고는 바랄 수 없는 바이오니 향토의 기름진 보배를 아끼시는 마음으로 한두篇식이라도 채집에 조력해 주기시를 바랍니다. (중략) 어려서부터 들어오신 傳說, 여행하신 곳곳에서 귀에 담은 전설을 추려뫃아 주십시오. (중략) 문장에 치중치 않고 되도록이면 忠實 정확한 기술을 爲主하기로 합니다.(국어, 조선어 어느 편이라도 좋습니다)

□ 자료를 찾으신 地名, 채집하신 분의 주소 성명을 每篇마다 附記하실 일, 책으로 될때 출처를 一々히 밝히겠습니다.(中央公論社版 · 朝鮮鄕土 叢話 全四卷 · 傳說篇 採錄) (후략)

(金素雲, 「광고 조선전설자료」, 『문장』 2 - 10, 1940.12, 89쪽. 또한, 김소운은 『삼천리』 1941년 3월호, 37쪽에도 유사한 광고를 게재

구치 고요樋口紅陽 편 『동화의 세계여행童話の世界めぐり』(九段書房, 1922) 등 세계동화집 및 동양동화집에 포함된 조선 설화를 수록했다.

더불어, 편자가 발굴한 아라이 이노스케荒井亥之助 편 『조선동화 제일편 소』(永島充書店, 1924), 야시마 류도 편 『동화의 샘』(경성일보대리부, 1922) 등도 선별해 수록했다. 그리고 『김상덕의 반도명작 동화집』과 함께, 오늘날 입수하기 어려운 김소운의 설화집 일부를 수록했다.

3. 「김소운 저작 선집」에 대하여

편자는 김소운(1907.1.5-1981.11.2)의 아동잡지(『아동세계』와 『목마』)를 발굴해 처음으로 국내에 소개하였다(김광식 · 나카이 히로코 편,『김소운의 아동잡지 번역 · 영인 · 별책』, 민속원, 2025).

김소운에 대해서는 시 · 민요, 수필 관련 연구가 주를 이루며, 설화에 대해서는 최근까지 연구되지 않았다. 김소운의 설화집은 일본인은 물론이고, 그 일부가 영어로도 번역되어 많이 읽히고 있지만, 정작 국내에서는 잘 알려지지 않았다. 김소운의 설화집이 모두 일본어로 발행되었기 때문이다.

김소운이 테쓰 진페이鐵甚平라는 이름으로 발표한 『삼한 옛이야기三韓昔がたり』(1942), 『석종石の鐘』(1942), 『푸른 잎青い葉っぱ』(1942), 『누렁소와 검정소黃ろい牛と黑い牛』(1943)에 관해서는, 노

담집만을 수록했다. 두 번째로 중요한 민담집과 이를 다시 쓴 전래동화집을 중심으로 엮었다. 세 번째로 조선민담·동화에 큰 영향을 끼쳤다고 생각되는 자료만을 엄선하였다.「근대 일본어 조선동화·민담집 총서」의 목록은 다음과 같다.

1.『다치카와 쇼조의 조선 실연동화집』
(立川昇藏『신실연 이야기집 연랑(新實演お話集蓮娘)』, 1926)
2.『마쓰무라 다케오의 조선·대만·아이누 동화집』
(松村武雄『朝鮮·台灣·アイヌ童話集』, 1929, 조선 편의 초판은 1924년 간행)
3.『1920년 전후 일본어 조선설화 자료집』
4.『김상덕의 동화집/ 김소운의 민화집』

위와 같이 다치카와 쇼조立川昇藏(大塚講話會 동인)의 실연(구연) 동화집, 신화학자 마쓰무라 다케오松村武雄(1883-1969)의 조선동화집을 영인했다. 다음으로『1920년 전후 일본어 조선설화 자료집』에는 조선동화집을 비롯해, 제국일본 동화·민담집, 세계동화집, 동양동화집, 불교동화집 등에 수록된 조선동화를 한데 모았다. 이시이 겐도石井研堂 편『일본 전국 국민동화』(同文館, 1911), 다나카 우메키치田中梅吉 외 편『일본 민담집日本昔話集 하권』조선 편(아르스, 1929) 등의 일본동화집을 비롯해, 에노모토 슈손榎本秋村 편『세계동화집 동양권』(실업지일본사, 1918), 마쓰모토 구미松本苦味 편『세계동화집 보물선たから舟』(大倉書店, 1920), 히

나카 우메키치) 『조선동화집』, 나카무라 료헤이 『나카무라 료헤이의 조선동화집』, 핫타 미노루 『전설의 평양』, 모리카와 기요히토 『조선 야담 전설 수필』, 손진태 『조선설화집』 등 많은 책이 번역되었다.

2. 「근대 일본어 조선동화 · 민담집 총서」의 발간

앞서 언급했듯이, 우스다 잔운 『암흑의 조선』(1908), 다카하시 도루 『조선의 이야기집과 속담』(1910, 1914개정판), 조선총독부 학무국 조사보고서 『전설동화 조사사항』(1913), 나라키 스에자네 『조선의 미신과 속전』(1913), 미와 다마키 『전설의 조선』(1919), 다지마 야스히데 『온돌야화』(1923), 조선총독부(다나카 우메키치) 『조선동화집』(1924), 나카무라 료헤이 『조선동화집』(1926), 손진태 『조선민담집』(1930) 등이 영인되고 번역되었다.

이처럼 1930년에 간행된 손진태 『조선민담집』에 이르기까지의 주요 일본어 조선 설화집이 복각되었다. 계속해서 김광식은 그 중요성에도 불구하고, 복각되지 않은 자료를 정리해 「근대 일본어 조선동화 · 민담집 총서」 전 4권(김광식 편, 보고사)을 펴냈다.

「근대 일본어 조선동화 · 민담집 총서」는 편자가 수집해 온 방대한 일본어 자료 중에서 구전설화집을 위주로 선별했다. 선별 기준은, 먼저 일본과 한국에서 입수하기 어려운 주요 동화 및 민

조사사항)』 1913 영인본, 2012.

5. 楢木末實, 『朝鮮の迷信と俗傳(조선의 미신과 속전)』 1913 영인본, 2012.
6. 高木敏雄, 『新日本教育昔噺(신일본 교육 구전설화집)』 1917 영인본, 2014.
7. 三輪環, 『傳說の朝鮮(전설의 조선)』 1919 영인본, 2013.
8. 山崎源太郎, 『朝鮮の奇談と傳說(조선의 기담과 전설)』 1920 영인본, 2014.
9. 田島泰秀, 『温突夜話(온돌야화)』 1923 영인본, 2014.
10. 崔東州, 『五百年奇譚(오백년 기담)』 1923 영인본, 2013.
11. 朝鮮總督府(田中梅吉), 『朝鮮童話集(조선동화집)』 1924 영인본, 2013.
12. 中村亮平, 『朝鮮童話集(조선동화집)』 1926 영인본, 2013.
13. 孫晉泰, 『朝鮮民譚集(조선민담집)』 1930 영인본, 2013.

전술한 연구서 및 영인본과 더불어, 다수의 한국어 번역본도 출간되었다.

우스다 잔운 『암흑의 조선暗黑の朝鮮』(박문사, 2016)을 시작으로, 다카하시 도루 『조선이야기집과 속담』, 다카하시 도루 『조선속담집』, 강재철 편역 『조선 전설동화』(전2권), 나라키 스에자네 『조선의 미신과 풍속』, 다카기 도시오 『해학과 미학의 한국 옛이야기』, 미와 다마키 『전설의 조선』, 다지마 야스히데 『온돌야화』, 이시이 마사미 편 『1923년 조선설화집』, 조선총독부(다

래와 같은 연구서도 출판되었다.

권혁래, 『일제강점기 설화 · 동화집 연구』, 고려대학교 민족문화연구원, 2013.

김광식, 『식민지기 일본어조선설화집의 연구(植民地期における日本語朝鮮說話集の硏究―帝國日本の「學知」と朝鮮民俗學)』, 勉誠出版, 2014.

김광식, 이시준 외, 『식민지시기 일본어 조선설화집 기초적 연구』 1 · 2, J&C, 2014-2016.

김광식, 『식민지 조선과 근대설화』, 민속원, 2015.

김광식, 『근대 일본의 조선 구비문학 연구』, 보고사, 2018.

김광식, 『한국 · 조선 설화학의 형성과 전개(韓國 · 朝鮮說話學の形成と展開)』, 勉誠出版, 2020.

또한, 다음과 같이 연구 기반을 조성하기 위한 영인본 『식민지시기 일본어 조선설화집 자료총서』 전13권(이시준 · 장경남 · 김광식 편, 제이앤씨)도 간행되었다.

1. 薄田斬雲, 『暗黑なる朝鮮(암흑의 조선)』 1908 영인본, 2012.
2. 高橋亨, 『朝鮮の物語集附俚諺(조선 이야기집과 속담)』 1910 영인본, 2012.
3. 青柳綱太郎, 『朝鮮野談集(조선야담집)』 1912 영인본, 2012.
4. 朝鮮總督府 學務局調査報告書, 『傳說童話 調査事項(전설 동화

「김소운 저작 선집」 설화편을 발간하며

김광식

1. 선행연구에 대하여

「김소운 저작 선집」 설화편은 한국설화집 연구의 기반을 구축하기 위해 기획되었다.

해방 후에 본격화된 한국 설화연구의 성과를 정확히 자리매김하기 위해서는 해방 전에 간행된 조선어 및 일본어의 성과를 구체적으로 검토해야 할 것이다. 해방 후에 전개된 설화연구는 이 문제를 외면한 채 진행되었다. 다행히 1990년대 이후, 관련 연구가 수행되었지만, 일부 자료에 한정해 진행되었다. 그에 대해 편자는 식민지기에 널리 읽히고, 오늘에도 큰 영향을 미치고 있는 주요 인물 및 기관의 관련 자료를 총체적으로 분석하고, 그 내용과 성격을 실증적으로 검토해 왔다. 관련 논문이 축적되면서 아

해제

「김소운 저작 선집」 설화편을 발간하며

김광식

목차

Contents

해제

「김소운 저작 선집」 설화편을 발간하며
| 김광식 7

영인

『목화씨棉の種』 408

『세 개의 병三つの瓶』 308

『단종육신端宗六臣』 224

『민족의 음지와 양지
民族の日蔭と日向』 124

김소운 저작 선집 - 설화편 6

목근소년문고1

『목화씨 棉の種』

목근소년문고2

『세 개의 병 三つの瓶』

목근문고1

『단종육신 端宗六臣』

목근문고2

『민족의 음지와 양지 民族の日蔭と日向』

김광식 · 나카이 히로코 공편

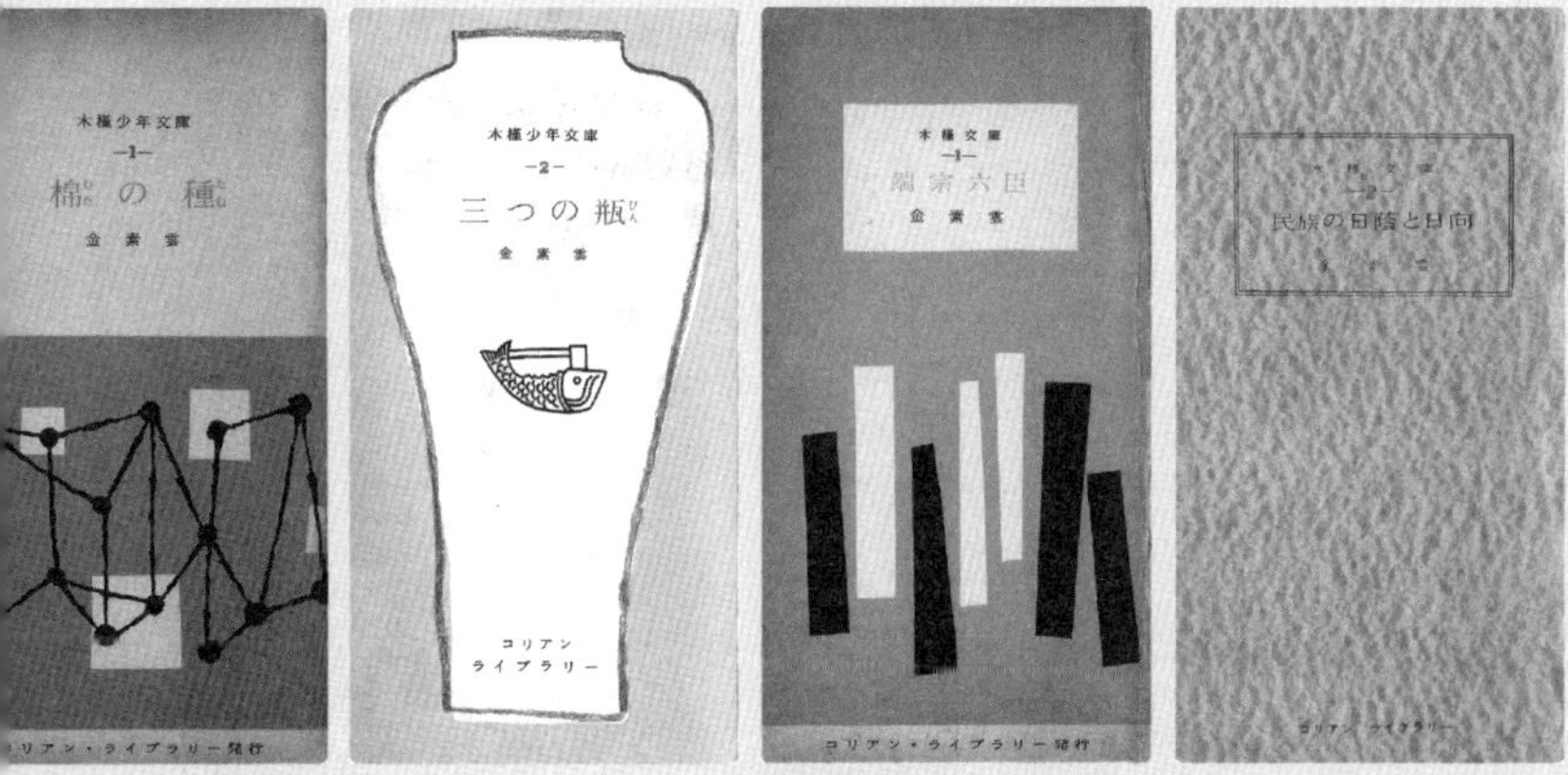

김소운 저작 선집 - 설화편 6
『목화씨 棉の種』
『세 개의 병 三つの瓶』
『단종육신 端宗六臣』
『민족의 음지와 양지 民族の日蔭と日向』

초판1쇄 발행 2025년 7월 30일

엮은이 김광식 · 나카이 히로코

주간 조승연
편집 · 디자인 오경희 · 조정화 · 오성현
신나래 · 박선주 · 정성희
관리 박정대

펴낸이 홍종화
펴낸곳 민속원
창업 홍기원
출판등록 제1990-000045호
주소 서울 마포구 토정로25길 41(대흥동 337-25)
전화 02) 804-3320, 805-3320, 806-3320(代)
팩스 02) 802-3346
이메일 minsokwon@naver.com
홈페이지 www.minsokwon.com

ISBN 978-89-285-2146-3
S E T 978-89-285-2001-5 94380

『목화씨』
『세 개의 병』
『단종육신』
『민족의 음지와 양지』

『棉の種』
『三つの瓶』
『端宗六臣』
『民族の日蔭と日向』